MIX
Papier aus verantwortungsvollen Quellen
Paper from responsible sources
FSC® C105338

Alexandra Emmersberger

Führungsverhalten aus Sicht der Motivforschung

Die Motive Macht, Leistung und Anschluss und die Wirksamkeit von Leadership-Trainings

Diplomica Verlag GmbH

Emmersberger, Alexandra: Führungsverhalten aus Sicht der Motivforschung: Die
Motive Macht, Leistung und Anschluss und die Wirksamkeit von Leadership-Trainings,
Hamburg, Diplomica Verlag GmbH 2014

Buch-ISBN: 978-3-8428-9325-2
PDF-eBook-ISBN: 978-3-8428-4325-7
Druck/Herstellung: Diplomica® Verlag GmbH, Hamburg, 2014

Bibliografische Information der Deutschen Nationalbibliothek:
Die Deutsche Nationalbibliothek verzeichnet diese Publikation in der Deutschen
Nationalbibliografie; detaillierte bibliografische Daten sind im Internet über
http://dnb.d-nb.de abrufbar.

Das Werk einschließlich aller seiner Teile ist urheberrechtlich geschützt. Jede Verwertung außerhalb der Grenzen des Urheberrechtsgesetzes ist ohne Zustimmung des Verlages unzulässig und strafbar. Dies gilt insbesondere für Vervielfältigungen, Übersetzungen, Mikroverfilmungen und die Einspeicherung und Bearbeitung in elektronischen Systemen.

Die Wiedergabe von Gebrauchsnamen, Handelsnamen, Warenbezeichnungen usw. in diesem Werk berechtigt auch ohne besondere Kennzeichnung nicht zu der Annahme, dass solche Namen im Sinne der Warenzeichen- und Markenschutz-Gesetzgebung als frei zu betrachten wären und daher von jedermann benutzt werden dürften.

Die Informationen in diesem Werk wurden mit Sorgfalt erarbeitet. Dennoch können Fehler nicht vollständig ausgeschlossen werden und die Diplomica Verlag GmbH, die Autoren oder Übersetzer übernehmen keine juristische Verantwortung oder irgendeine Haftung für evtl. verbliebene fehlerhafte Angaben und deren Folgen.

Alle Rechte vorbehalten

© Diplomica Verlag GmbH
Hermannstal 119k, 22119 Hamburg
http://www.diplomica-verlag.de, Hamburg 2014
Printed in Germany

"Leadership is the art of getting someone else to do something you want done because he wants to do it."

Dwight Eisenhower

"Ein Heer von Schafen, das von einem Löwen geführt wird, schlägt ein Heer von Löwen, das von einem Schaf geführt wird."

Arabisches Sprichwort

"Werte kann man nicht lehren, sondern nur vorleben."

Viktor Frankl

"A great person attracts great people and knows how to hold them together."

Johann Wolfgang von Goethe

"When the best leader's work is done, people say we did it ourselves."

Lao Tzu

"As we look ahead into the next century, leaders will be those who empower others."

Bill Gates

"Some cause happiness wherever they go; others, whenever they go."

Oscar Wilde

Inhaltsverzeichnis

Abbildungs- und Tabellenverzeichnis 3

Zusammenfassung 4

Einleitung 5

A) Theoretische Grundlagen 8

1. Motive 8

    1.1 Anschlussmotiv (Need for Affiliation) 11

    1.2 Leistungsmotiv (Need for Achievement) 14

    1.3 Machtmotiv (Need for Power) 19

        1.3.1 Sozialisiertes Machtmotiv 25

        1.3.2 Personalisiertes Machtmotiv 26

2. Führungsverhalten - Leadership Behavior 27

    2.1 Laissez-fair-Führung 30

    2.2 Direktive Führung 33

    2.3 Transaktionale Führung 35

    2.4 Transformationale Führung 40

    2.5 Empowering Leadership 47

3. Zusammenhänge - Führungsverhalten & Motive 50

B) Empirische Untersuchung 53

4. Fragestellungen und Hypothesen 53

5. Methoden 55

    5.1 Versuchsteilnehmer und -ablauf 55

    5.2 Beschreibung der Trainingsinterventionen 56

    5.3 Durchführung 57

    5.4 Verwendete Verfahren 57

        5.4.1 Personality Research Form (PRF) 57

- 5.4.2 Multifactor Leadership Questionnaire (MLQ) 59
- 5.4.3 Empowering Leadership Scale (ELS) 61
- 5.4.4 Statistische Analysen zur Datenauswertung 63
- 6. Ergebnisse 65
- 6.1 T-Test bei gepaarten Stichproben 65
- 6.2 Korrelation nach Pearson 69
- C) Diskussion 70
- 7. Zusammenfassung der Ergebnisse 70
- 8. Interpretation der Ergebnisse 71
- 9. Limitationen und Ausblick 79
- 10. Konklusion 82
- Literaturverzeichnis 83

Abbildungs- und Tabellenverzeichnis

Abbildung 1: Motivausprägung und subjektive Erfolgswahrscheinlichkeit 15

Abbildung 2: Attraktivität von Aufgaben und Erfolgswahrscheinlichkeit 16

Abbildung 3: Deskriptives Modell des Machthandelns 24

Abbildung 4: Full-Range-Leadership Modell 28

Abbildung 5: Entscheidungskriterien eines Oberarztes 34

Abbildung 6: Additive Effekt der transformationalen Führung 42

Abbildung 7: Freiraum bei Laissez-Faire und Empowering Leadership 75

Tabelle 1: Merkmale und Verhaltensweisen der drei zentralen Motive 10

Tabelle 2: SMART Ziele 37

Tabelle 3: Positive Auswirkungen von Empowering Leadership 49

Tabelle 4: Arten des Führungsverhalten 50

Tabelle 5: Demografische Angaben zur Stichprobe (Leader) 55

Tabelle 6: T-Test bei abhängigen Stichproben – Motive (FR Gruppe) 65

Tabelle 7: T-Test bei abhängigen Stichproben – Motive (SL Gruppe) 66

Tabelle 8: T-Test bei abhängigen Stichproben – Führungsverhalten (FR Gruppe) 67

Tabelle 9: T-Test bei abhängigen Stichproben – Führungsverhalten (SL Gruppe) 68

Tabelle 10: Korrelation zwischen den Motiven und Führungsverhalten in den beiden Versuchsgruppen (FR, SL) 69

Zusammenfassung

In der vorliegenden Studie wurde die Wirksamkeit zweier Trainingsinterventionen („Full-Range-Leadership-Training" und „Superleadership-Training") hinsichtlich der drei zentralen Motive (Macht, Leistung und Anschluss) und den fünf verschiedenen Führungsverhalten des Full-Range-Leadership-Modells und des Superleadership-Modells (Laissez-faire, transaktional, transformational, direktiv und Empowering Leadership) untersucht. Zudem wurde der Zusammenhang zwischen dem Machtmotiv und den beiden Führungsmodellen überprüft. Die Datenerhebung fand mittels einer Selbstbewertung durch Fragebögen an $N = 72$ Studenten statt. Die Ergebnisse lassen belegen, dass sowohl das Machtmotiv als auch das Leistungsmotiv durch eine Trainingsintervention gesteigert werden kann und dass ein Leadership-Training insbesondere zur Steigerung der transformationalen Führung führt. Außerdem konnte bestätigt werden, dass das Machtmotiv positiv mit den aktiven Dimensionen von Führungsverhalten in Verbindung steht.

Schlüsselwörter: Machtmotiv, Leistungsmotiv, Anschlussmotiv, Laissez-faire Führung, Transaktionale Führung, Transformationale Führung, Direktive Führung, Empowering Leadership

Einleitung

Die Menschen sind schon seit jeher von Führung und der effektiven Beeinflussung anderer fasziniert. „Leadership" ist nicht nur in Unternehmen zu finden, sondern in allen Bereichen des Lebens vertreten. Tagtäglich ist jede Person mit Führungsverhalten konfrontiert, egal ob in der Arbeit, in einer Partnerschaft, mit Freunden oder auch im Umgang mit Tieren.

Auf den wirtschaftlichen Kontext bezogen, ist der Erfolgsdruck auf Unternehmen in den heutigen globalisierten Märkten sehr stark gewachsen. Weshalb die Bedeutung von kompetenten Führungskräften immer wichtiger wird, da „Leadership" den größten Teil am Erfolg eines Unternehmens ausmacht. Die komplexe dynamische Umwelt stellt fortlaufend spezielle Anforderungen und Herausforderungen an eine Organisation. Firmen müssen in der heutigen Zeit besonders flexibel und innovationsfähig sein und aktuelle Führungstheorien bieten Mittel und Wege dies zu erreichen.

Die heroische Phase der Führungsforschung konzentriert sich auf das Full-Range-Leadership-Modell von Bass und Avolio (1995). Das Führungsverhalten reicht von einer sehr inaktiven und ineffektiven Laissez-faire-Führung über die transaktionale Führung bis hin zu einer sehr aktiven und effektiven transformationalen Führung. Das Hauptaugenmerk dieses Modells liegt auf der transformationalen Führung. Die Führungsperson steht im Mittelpunkt und beeinflusst, inspiriert und transformiert die Geführten unter anderem auf einer sehr starken emotionalen Ebene.

Die postheroische Phase der Führungsforschung, zu welchem Empowering Leadership zählt, legt den Fokus auf die Geführten und die Teilung von Macht und Wissen (Fletcher, 2004). Folglich tritt die Führungsperson hier wieder mehr in den Hintergrund, da sich die Macht gleichermaßen über die gesamte Organisation verteilt.

Nach Avolio (2005) spielen der Lebensweg und die Erfahrungen für das Führungsverhalten einer Person eine wichtige Rolle. Beispielsweise waren Nelson Mandela und Lech Walesa vor ihrer Führungstätigkeit Boxer. Sie hatten gelernt, wann sie kämpfen und wann sie sich zurück ziehen müssen.

Durch Zwillingsstudien ist bekannt, dass Führung zu ca. 30 % angeboren und zu ca. 60% - 70% trainiert und entwickelt werden kann. (Arvey, Rotundo, Johnson, Zhang & McGue, 2006;

Day, 2012). Folglich sind Entwicklungsprogramme für Führungskräfte von zentraler Bedeutung. Laut Lamoureux (2007) werden in den USA bis zu 20 bis 40 Milliarden Dollar pro Jahr für Leadership-Entwicklungsprogramme ausgegeben. Obgleich diese Programme positive Effekte aufweisen, gibt es beträchtliche Unterschiede in der Qualität (Avolio et al., 2009). Umso wichtiger ist es, dass wissenschaftliche Studien zur Führungskräfteentwicklung durchgeführt werden (Day, 2011). Beispielsweise stellt das Full-Range-Leadership-Development-Programm von Bass und Avolio (1999) ein bereits in der Praxis eingesetztes und theoretisch fundiertes Training zur Entwicklung von Führungskräften dar.

Neben verschiedenen anderen Faktoren wirken sich auch die verschiedenen Motivausprägungen einer Person auf das Führungsverhalten aus. Die Motivforschung begann bereits in den 1930er Jahren durch Henry Murray. McClelland (1985) unterscheidet drei zentrale Motive, die sogenannten „big three" – Macht-, Leistung– und Anschlussmotiv. Die Motive bestimmen die grundsätzliche Richtung von Handlungen und beeinflussen folglich das individuelle Verhalten einer Person. Das Ziel einer machtmotivierten Person ist die eigene Stärke und Wirksamkeit zu erleben. Hingegen konzentriert sich eine leistungsmotivierte Person darauf, die eigene Leistung fortlaufend zu verbessern und setzt sich ständig neue Ziele (McClleland, Atkinson, Clark & Lowell, 1953). Anschlussmotivierte Menschen hingegen suchen den Kontakt zu ihren Mitmenschen und investieren in positive Beziehungen zu anderen (Heyns, Veroff & Atkinson, 1958).

Auch die Motive können in Trainings entwickelt und gefördert werden (Furtner & Baldegger, 2013; McClelland, 1961, 1975; Winterbottom, 1958). Von besonderem Interesse in dieser Untersuchung ist das Machtmotiv. Dem Machtmotiv liegt das Bedürfnis zu Grunde, andere zu führen, zu motivieren und zu beeinflussen. Eine effektive Führungskraft verfügt nach McClelland (1975) über ein hohes kontrolliertes Machtmotiv.

Die vorliegende experimentelle Studie wird sich mit den Auswirkungen eines Leadership-Trainings, in Anlehnung an das Original Full-Range-Leadership-Development-Programm von Bass und Avolio (1999), auf die verschiedenen Führungsverhalten und Motive auseinandersetzen und die Beziehung zwischen dem Machtmotiv und dem Führungsverhalten genauer betrachten. Damit soll im Rahmen der Untersuchung beantwortet werden, ob sich durch eine Trainingsintervention ein Effekt bezüglich der Motive und der Führungsverhalten erkennen lässt und ob ein Zusammenhang zwischen dem Machtmotiv und den aktiven Dimensionen des Full-Range-Leadership -und Superleadership-Modells bestätigt werden kann.

Der theoretische Teil (A) beschäftigt sich mit den drei Basismotiven Macht-, Leistung- und Anschlussmotiv, wobei das Machtmotiv nochmals unterteilt wird in ein personalisiertes und sozialisiertes Machtmotiv. Desweiteren werden hier die verschiedenen Führungsverhalten des Full-Range-Leadership-Modells und des Superleadership-Modells (Laissez-faire, transaktional, transformational, direktiv und empowering) besprochen. Als kleine Zusammenfassung der theoretischen Grundlagen werden einige Zusammenhänge zwischen den Motiven und dem Führungsverhalten erklärt.

Im empirischen Teil (B) werden sowohl die Hypothesen erläutert als auch die Methoden präsentiert. Hier findet sich eine Beschreibung der Stichprobe und des Ablaufs der Untersuchung. Die verwendeten Verfahren und statistischen Analysen werden vorgestellt und die Ergebnisse anhand von Tabellen dargestellt.

Zuletzt werden im Diskussionsteil (C) die Ergebnisse zusammengefasst, interpretiert und bezogen auf bereits vorhandene empirische Erkenntnisse diskutiert. Die anschließende Kritik soll die Limitationen der Studie aufzeigen und es folgt ein Ausblick für zukünftige Studien.

„Alle Führungspersonen sind potentielle oder wirkliche Machtträger,

aber nicht alle Machtträger sind Führungspersonen"

James MacGregor Burns (1978)

A) Theoretische Grundlagen

1. Motive

Laut Heckhausen und Heckhausen (2010) ist das motivierte Handeln durch das Streben nach Wirksamkeit und die Organisation des Handelns in Phasen des Zielengagements und der Zieldistanzierung geprägt. Bestimmte Verhaltensweisen werden koordiniert eingesetzt um Ziele zu erreichen oder sich von unerreichbaren zu distanzieren. Das Anstreben eines bestimmten Ziels ist abhängig von personenbezogenen und situativen Einflüssen und schließt die antizipierten Handlungsergebnisse und deren Folgen mit ein. Personenbezogen entspricht physischen Bedürfnissen, Motiven und Zielen einer Person. Das heißt, Motive sind personenspezifisch. Es lassen sich implizite und explizite Motive unterscheiden. Implizit sind Motivdispositionen, die einzelne Individuen von anderen abgrenzen. Diese unbewussten Präferenzen sind in der frühen Kindheit erlernt und äußern sich in einer bestimmten Art sich mit Anreizen auseinanderzusetzen. Explizit betrifft bewusste Werte und Ziele, die eine Person verfolgt. Demnach beeinflussen Motive als relativ stabile Dispositionen das Handeln eines Individuums und somit auch sein Führungsverhalten. Oftmals stimmen die impliziten und expliziten Motive nicht überein und dies kann negative Auswirkungen auf die psychische Gesundheit haben und mit ineffizientem Handeln einhergehen. Situationsbezogene Faktoren sind Gelegenheiten und mögliche subjektive handlungsanregende Anreize. Beispielsweise sind mittelschwierige Aufgaben für eine stark leistungsmotivierte Person ein starker Handlungsanreiz.

Der Begriff Motiv (lat. motus) bedeutet Bewegung/ Antrieb. Ein Motiv ist der fundamentale Antrieb für das menschliche Handeln und bezieht sich auf das Streben nach Macht, Leistung und Anschluss. Folglich hätte man ohne Motiv keinen Antrieb zum Handeln. Ein Motiv ist in einer bestimmten Situation zielgerichtet wirksam (Furtner & Baldegger, 2013).

Nach Winter, John, Stewart, Klohnen und Duncan (1998) beschreiben Motive die Ursachen des Handelns einer Person, d.h. das Warum, Wie und Wann jemand handelt. Motive repräsentieren bewusste Absichten und Ziele. Wichtig sind aber auch die unbewussten Wünsche, die ein Mensch verfolgt. Was eine Person will, antizipiert und schließlich genießt, entspricht seinen Motiven. Wie der- oder diejenige aber schließlich handelt, wofür die Persönlichkeitseigenschaften stehen, muss damit nicht unbedingt übereinstimmen. Beispielsweise gibt es Menschen, die starke Führungseigenschaften besitzen und ihre Arbeit als Manager gut ausführen, sich jedoch in ihrem Job nicht wohl fühlen. Andererseits gibt es wiederum Personen, die gerne eine Führungspersönlichkeit wären, aber nicht die nötigen Eigenschaften besitzen, um in diese Position zu kommen und ernst genommen zu werden.

Menschen unterscheiden sich grundlegend hinsichtlich ihrer Motive und Ziele, auch wenn sie beispielsweise über eine gleiche Persönlichkeitseigenschaft verfügen (Snyder, 1994). Die Motivausprägung ist abhängig von den Erfahrungen, die eine Person im Laufe ihrer Sozialisation und der Interaktion mit ihrer Umwelt erlebt hat. Entsprechend bilden sich Motive, die sich jedoch im Jugend- und Erwachsenalter noch verändern können. Nach Winterbottom (1958) wird das Leistungsmotiv bei einem Kind z.B. gefördert, wenn leistungsorientiertes Verhalten und Selbstständigkeit belohnt wird. Die Motivausprägung variiert zwischen verschiedenen Personen und kann durch Trainings verändert werden. Auch können sich Motive durch kritische Lebensereignisse verändern (McClelland, 1975).

Nach Elliot und Church (1997) sind Annäherung und Vermeidung die Grundlage für die menschliche Motivation. Sie äußern sich in den Antriebstendenzen Hoffnung und Furcht. Annäherung an einen positiven Zielzustand wird durch Hoffnung veranlasst und durch Furcht wird versucht das Verhalten dahingegen zu aktivieren, um einem negativen Reiz zu entgehen.

Auf Basis von Murray (1938) hat McClelland (1985) drei zentrale Motive (Macht -, Leistung- und Anschlussmotiv) unterschieden, die das individuelle motivierte Handeln beeinflussen und in der nachfolgenden Tabelle 1 dargestellt sind.

Messung der Motive

Motive können auf drei verschiedene Arten gemessen werden. Zum einen projektiv und unbewusst (implizit) mit dem Thematischen Apperzeptionstest (TAT) (Murray, 1938). Hier werden Bilder mit verschiedenen motivthematischen Inhalten verwendet, welche die Versuchspersonen interpretieren und dazu eine Geschichte erzählen sollen. Anschließend erfolgt die Auswertung der Gedanken, Gefühle und Handlungen hinsichtlich leistungs-, macht- oder anschlussthematischer Inhalte. Ein anderes befürwortetes Verfahren ist das Picture Story Exercise (PSE) (Schultheiss, Liening & Schad, 2008). Zum anderen können Motive auch bewusst (explizit) mit objektiven Fragebögen erfasst werden. Die Versuchsperson beantwortet hier die Items bewusst, bezüglich der Motive, die sie sich selbst beimisst. Ein gängiger Fragebogen ist der Personality Research Form (PRF) von Jackson (1984). Der Vorteil gegenüber der impliziten Messung ist hier die gegebene Reliabilität und Validität. Allerdings kritisiert McClelland (1987), dass Motive bei bewusster Befragung nicht erfasst werden können, da auf diese Art nur das Selbstbild eines Menschen wiedergegeben wird und diese nicht mit den echten Motiven übereinstimmen müssen (McClelland, Koestner &Weinberger, 1989). Das 3. Verfahren zur Messung der Motive ist das Multi-Motiv-Gitter (MMG). Ein semi-projektives Verfahren, das die Vorteile der unbewussten Motivmessung mit der Erfüllung von Testgütekriterien und Vergleichbarkeit, wie es bei Fragebögen der Fall ist, vereint (Sokolowski, Schmalt, Langens & Puca, 2006). Überdies unterscheidet es die Antriebstendenzen Hoffnung (Annäherung) und Furcht (Vermeidung).

Tabelle 1: Merkmale und Verhaltensweisen der drei zentralen Motive (in Anlehnung an McClelland, 1985; zitiert nach Furtner & Baldegger 2013, S.34)

Machtmotivierte	Leistungsmotivierte	Anschlussmotivierte
Zeigen aggressiveres Verhalten	Bevorzugen ein gemäßigtes Risiko	Investieren in ihr soziales Netzwerk
Streben Berufe und Positionen an, bei welchen sie Kontrolle und Einfluss ausüben können	Sind ausdauernd und zeigen persönliche Verantwortung für ihr Leistungsverhalten	Sind kooperativ
Erwerben prestigeträchtige Objekte (z.B. Luxusgüter)	Zeigen ein starkes Bedürfnis nach Feedback	Zeigen konformes Verhalten
Buhlen um Aufmerksamkeit	Sind innovativ	Vermeiden Konflikte
Sind risikoreich	Zeigen einen hohen Arbeitserfolg (z.B. als Unternehmer oder auf tieferen Management-Ebenen)	Haben Angst vor Zurückweisung
Zeigen ein effektives Führungsverhalten		Verfügen über eine bessere Gesundheit

1.1 Anschlussmotiv (Need for Affiliation)

Erstmals wurde das Anschlussmotiv durch Murray (1938) untersucht. Ausprägungen sind unter anderem Menschen zu lieben, Beziehungen zu führen und Teil von Gruppen zu sein. Menschen mit einem hohen Anschlussmotiv verspüren das Bedürfnis, von anderen akzeptiert zu werden und suchen Kontakt zu ihrer sozialen Umwelt, um ihnen nahe zu sein und sich auszutauschen. Nach Murray (1938) dient dieses Bindungsmotiv der Herstellung und Aufrechterhaltung von Beziehungen, Bekanntschaften machen, anderen nahe zu sein und um mit anderen zu kooperieren. Das Ziel liegt im Gegensatz zum Machtmotivierten in der sozialen Integration und Akzeptanz. Nach Bowlby (1969) bestehen hohe Anreizqualitäten schon für Kleinkinder beim Zusammensein mit der Mutter. Für das Anschlussmotiv kann mit hoher Wahrscheinlichkeit eine biologische Basis angenommen werden (Deci & Ryan, 2000). In den 50er Jahren wurde angenommen, dass das Anschlussverhalten mit dem Anschlussbedürfnis variiert und durch Unsicherheit und Furcht erzeugt wird. Demnach war das Ziel Unsicherheit und Furcht zu reduzieren (Schachter, 1959).

Anschlussmotivierte Personen sind in ihrem Verhalten unkompliziert und herzlich. Ihnen ist der soziale Kontakt, Gruppenzugehörigkeit, Harmonie und Freundschaft am wichtigsten. Dadurch versuchen sie positive Beziehungen zu anderen aufzubauen, zu erhalten oder wiederherzustellen (Heyns, Veroff & Atkinson, 1958). Nach Fishman (1966) spielt dieses Motiv insbesondere dann eine Rolle, wenn jemand zu fremden oder wenig bekannten Menschen Kontakt aufnehmen möchte. Ein anschlussmotivierter Mensch ist speziell dann nett und freundlich, insofern die Erwartung besteht, dass dieser neue Kontakt sich erfolgreich entwickeln lässt. Er fand in einer Studie mit Studentinnen in einer Wohngruppe heraus, dass Erwartungen das Anschlussverhalten stark moderieren. Im Fall, dass sie eine hohe Anschlussmotivation hatten, äußerte sich das freundliche Verhalten gegenüber anderen besonders dann, wenn sie hohe Erwartungen hinsichtlich der Zweckdienlichkeit ihres zuvorkommenden und freundlichen Verhaltens haben. Somit wurde das positive Verhalten durch die beiden Variablen, Höhe des Anschlussmotivs und Höhe der Anschlusserwartung, erklärt. Auch innerhalb von Gruppen mit hoch anschlussmotivierten Personen zeigte sich häufig ein positives Verhalten. Außerdem fand er auch eine positive Korrelation zwischen der Stärke des Anschlussmotivs und der Einschätzung andere Personen als freundlich und dem Gemocht werden von anderen.

Nach Leary und Hoyle (2009) ist das Zusammengehörigkeitsgefühl in einer sozialen Gruppe von größter Bedeutung. Anschlussmotivierte wollen sich nicht unbeliebt machen und zeigen deshalb konformes und kooperatives Verhalten. Sie fühlen sich kompetent und wirksam, wenn sie von anderen geliebt und geschätzt werden. Außerdem nehmen sie andere generell positiver wahr und finden leichter ähnliche Merkmale zwischen sich und der anderen Person. Sie mögen andere Menschen mehr, sind auch selbst beliebt und wirken durch ihre freundliche Art auf andere ansteckend (Mehrabian und Ksionzky, 1974). Überdies sind sie äußerst teamfähig (Furtner & Baldegger, 2013). Personen mit einem hohen Anschlussmotiv reagieren mit Hilflosigkeit, falls sie in einer Gruppe nicht angenommen werden, im Gegensatz zu macht- oder leistungsorientierten Personen, denen dies verhältnismäßig gleichgültig ist. Entsprechend versuchen hoch Anschlussmotivierte Konflikte allgemein zu meiden (Sokolowski, 1986).

Antriebstendenzen

Die zwei wesentlichen Antriebstendenzen des Anschlussmotivs sind Hoffnung auf Anschluss und Furcht vor Zurückweisung und sind in verschiedenen Phasen des Kennenlernens aktiv. Eine hoch anschlussmotivierte Person wird, wenn sie eine neue Arbeitsstelle antritt, versuchen, sofort eine positive Beziehung zu seinen Kollegen aufzubauen. Sie zeigt sich freundlich und zuvorkommend und wird auch außerhalb der Arbeit Kontakt anstreben. Es besteht die Möglichkeit, dass sich Furcht vor Zurückweisung entwickelt, falls Sympathie besteht und die Beziehung intensiver wird. Aus der Angst heraus die Person zu verlieren geht der Anschlussmotivierte vermehrt auf Distanz. Daraufhin verstärkt sich wieder die Antriebstendenz Hoffnung auf Anschluss und folglich findet erneut eine Annäherung statt. Auch suchen sie generell häufiger in der Beziehung nach Rückversicherungen und können auch als kompliziert und problematisch wahrgenommen werden (Sokolowski & Heckhausen, 2010). Furcht vor Zurückweisung ist nach Sokolowski (1992) der Antagonist zu Hoffnung auf Anschluss. Im Umgang mit fremden Personen sorgt er dafür, eine bedachtsame Distanz einzuhalten. Ist diese Furcht vor Zurückweisung stark ausgeprägt, bewirkt sie aufgrund einer geringen Handlungs-Ergebnis-Erwartung Zweifel am eigenen wirksamen Handeln.

Ebenso spielen Erwartungen laut Mehrabian und Ksionzky (1974) beim anschlussmotivierten Verhalten eine wesentliche Rolle. Hoch anschlussmotivierte Menschen sind generell zu fremden Personen freundlicher, offener, zuversichtlicher und erleben dadurch auch im Umgang mit ihnen positivere Gefühle. Diejenigen, die aber eine hohe Furcht vor Zurückweisung aufweisen, sind in sozialen Situationen schneller überfordert, zeigen wenig soziale Fertigkeiten, fühlen sich ängstlicher und weisen auch eine höhere Anspannung auf. Die Bereitschaft, mehrdeutige Signale von Gesprächspartnern als Zurückweisung zu empfinden, steigt. Allerdings hatten sie trotz der großen Angst vor Zurückweisung genauso viel Umgang mit anderen Personen und auch ihre Grundhaltung war nicht häufiger ablehnend. Dennoch hatten sie generell weniger Zuversicht, fühlten sich gestresster im Dasein fremder Menschen und diese Anspannung übertrug sich auf ihre Interaktionspartner. Selbst beurteilten sie sich als weniger beliebt und einsamer. Folglich zeigt sich die Furcht vor Zurückweisung in unsicherem Verhalten und Ängstlichkeit. Jedoch ist das Zusammensein mit anderen von so großem Wert, dass die Furcht vor Zurückweisung dahinter zurücktritt (Mehrabian & Ksionzky, 1974). Das dem Anschlussmotiv übergeordnete Bedürfnis nach Nähe könnte dafür die Erklärung darstellen (Murray, 1938).

Die hemmende Antriebstendenz Furcht vor Zurückweisung korreliert positiv mit inaktivem und ineffektivem Führungsverhalten, wie es bei der laissez-fair Führung der Fall ist (Furtner & Baldegger, 2013). Um in einer Gruppe mit hoch Anschlussmotivierten die besten Leistungsergebnisse zu erzielen, sollte laut French (1958) die Führungskraft den guten Zusammenhalt und nicht die Leistung in den Mittelpunkt stellen. Sie präferieren in Leistungssituationen als Arbeitspartner lieber einen, der ihnen sympathisch erscheint, auch wenn dieser nicht als kompetent für diese Aufgabe befunden wurde. Freundschaft ist für jemanden mit einem hohen Anschlussmotiv von größerer Bedeutung als Fleiß. Für den Fall, dass eine hoch anschlussmotivierte Person auf eine Führungskraft mit einem ebenfalls hohen Anschlussmotiv trifft, wird sie dadurch auch eine größere Leistung erzielen. Dies ist auch der Fall, wenn die Gruppenleistung mehr zählt als die jedes Individuums. Beispielsweise erreichen hoch anschlussmotivierte bessere Noten im Studium, wenn der Lehrer eine sympathische Ausstrahlung hat und empathisch wirkt (McKeachie, 1961). Nach Sorrentino und Sheppard (1978) leisten sie in Wettkampfsituationen, hier beim Schwimmwettbewerb, dann ihr Bestes, wenn sie für ein Team schwimmen. Sie konnten in einer Studie mit Schwimmern nachweisen, dass Personen mit starkem Anschlussmotiv in Wettkämpfen als Gruppe schnellere Zeiten erzielten, verglichen mit Wettkämpfen bei denen sie alleine antraten. Dies geschah, weil die Teilnehmer bei den Gruppenwettkämpfen eine Möglichkeit des Anschlusses sahen und sich dadurch mehr anstrengten.

1.2 Leistungsmotiv (Need for Achievement)

Die ersten empirischen Untersuchungen zum Leistungsmotiv, welches auch am häufigsten untersucht wurde (Brunnstein & Heckhausen, 2010), gehen auf Kurt Lewin (Lewin, Dembo, Festinger & Sears, 1944) und McClelland und Atkinson zurück (McClelland, Atkinson, Clark & Lowell, 1953). Von leistungsorientiertem Verhalten ist die Rede, wenn sich die betreffende Person an einem persönlichen oder sozialen Güte- oder Tüchtigkeitsmaßstab, dem „standard of excellence", orientiert. Gütemaßstäbe können von außen gesetzte Anforderungen sein oder auch von innen heraus kommen. Ein Mensch steht entweder mit sich selbst oder mit anderen für ihn relevanten Bezugspersonen im Wettbewerb. Merkmal des leistungsorientierten Handelns ist das permanente Streben nach eigener Leistungsverbesserung oder andere im sozialen Vergleich zu übertreffen. Manche Aktivitäten werden nur ausgeführt, um herauszufinden, ob sie diese erfolgreich bewältigen können. Eine leistungsorientierte Person fühlt sich kompetent und wirksam, wenn sie es schafft, ihre Leistung kontinuierlich zu verbessern. Ziel ist der Stolz auf die eigene Leistung. Misserfolg wird begleitet von einem Gefühl der Beschämung. Folglich ist ihnen die Anerkennung und Wertschätzung durch ihre Mitmenschen nicht so wichtig wie macht- oder anschlussmotivierten Personen (McClelland, Atkinson, Clark & Lowell, 1953).

Leistungsmotiviertes Handeln wird bereits in der frühen Kindheit erlernt und äußert sich beim Kind durch das „Selbermachen wollen", speziell wenn die Tätigkeit noch nicht ganz funktioniert (Geppert & Küster, 1983). Erleben von Erfolg und Misserfolg lässt sich schon bei Kindern ab drei Jahren beobachten, wobei es sich hier wahrscheinlich noch mehr um einen spielerischen Bestätigungsdrang handelt (Heckhausen, 1963). Das Kind erlernt den Zusammenhang zwischen Bemühen und leitungsabhängigem Erfolg (Winterbottom, 1958). Nach Heckhausen (1963) wird Misserfolg zunächst als äußerer Widerstand erlebt, anstatt mit persönlichem Versagen erklärt. Ab ca. 3 ¾ Jahren wird die spielerische Bestätigung abgelöst durch eine ichbeteiligte Aufgabenhaltung und Erfolg und Misserfolg werden erlebt als persönliches Gelingen oder Versagen. Leistungsorientiertes Verhalten kann durch die Eltern gefördert werden, indem es speziell belohnt und die Selbstständigkeit des Kindes gefördert wird (Winterbottom, 1958). Laut Rheinberg (2008) kann das Leistungsmotiv im Jugend– und Erwachsenenalter durch kritische Lebensereignisse oder motivationspsychologische Trainings beeinflusst werden.

Antriebstendenzen

Hoffnung auf Erfolg und Furcht vor Misserfolg stellen die zentralen Antriebsmechanismen dar und die Summe aus beiden bildet die Gesamtmotivaton (Rheinberg, 2008). Die Gesamtmotivation manifestiert sich in der Wahrnehmung einer Person, wie sehr sie eine Handlungssituation als leistungsthematisch interpretiert, unabhängig davon, welche der beiden Antriebstendenzen überwiegt. Die Erwartung, dass die eigene Leistung einem Gütemaßstab entsprechen wird, zeigt das Überwiegen von Hoffnung auf Erfolg. Falls diese Erwartung bestätigt wird, stellt sich ein Erfolgsgefühl, wie Zufriedenheit, Freude oder Stolz, ein. Wird sie nicht bestätigt, erlebt man ein Gefühl der Enttäuschung. Wird die Furcht vor Misserfolg bestätigt, stellt sich ein Misserfolgsgefühl, wie Unzufriedenheit, Bedrückt sein oder Beschämung ein. Wird diese jedoch nicht bestätigt, erlebt man ein Gefühl der Erleichterung. Um leistungsmotiviert zu handeln muss der Ansporn dazu von der Person selbst kommen und der Gütemaßstab muss für verbindlich gehalten werden (Heckhausen, 1963).

Nach Atkinson (1957) besteht das Leistungsmotiv aus dem Erfolgs- und Misserfolgsmotiv, welche überdauernde persönliche Dispositionen darstellen und negativ miteinander korrelieren. Erfolgsorientiert wird gehandelt, wenn Hoffnung auf Erfolg überwiegt. Ist hingegen die Furcht vor Misserfolg größer, so haben die Vermeidungstendenzen die Oberhand. In diesem Fall wäre eine Verstärkung von außen hilfreich. Nach dem Risikowahl-Modell von Atkinson (1957) ist ein wichtiges Kriterium zur Schwierigkeitswahl die subjektive Erfolgswahrscheinlichkeit. Die Ausprägung des Leistungsmotivs ist abhängig von der subjektiven Erfolgserwartung multipliziert mit dem persönlichen Wert einer Aufgabe. Je leichter eine Aufgabe ist, desto höher ist die Erfolgswahrscheinlichkeit und je schwieriger sie ist, desto größer ist der leistungsthematische Anreiz auf Erfolg. Mit anderen Worten hat eine sehr leichte Aufgabe zwar eine hohe Erfolgswahrscheinlichkeit, jedoch keinen Erfolgsanreiz und somit besteht auch keine Motivation zum Handeln. Eine sehr schwere Auf-

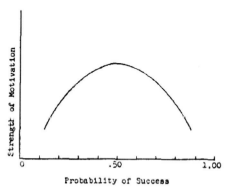

Abbildung 1: Motivausprägung und subjektive Erfolgswahrscheinlichkeit (Atkinson, 1957, S.365)

gabe hat dahingegen zwar einen hohen Anreiz, aber bringt keine Erfolgswahrscheinlichkeit mit sich und geht somit auch mit keiner Motivation einher. Dementsprechend hängt die Zielsetzung einer Person von der Erfolgswahrscheinlichkeit und dem Erfolgsanreiz einer Aufgabe ab (Erwartungs-x-Wert-Theorie). Folglich suchen sich stark leistungsmotivierte Menschen Aufgaben im mittleren Schwierigkeitsbereich, die sie bestenfalls noch erfolgreich meistern, aber an denen sie auch scheitern könnten, wie in Abbildung 1 dargestellt (Atkinson, 1957; Rheinberg, 2008). Das heißt, sie wählen ein realistisches Anspruchsniveau und von Erfolg ist die Rede, wenn das Anspruchsniveau erreicht wird. Bei hoher oder niedriger Schwierigkeit der Aufgabe unterscheidet sich das Verhalten Erfolgsmotivierter von dem von Misserfolgsmotivierten (Brunnstein & Heckhausen, 2010). In einem Versuch von Atkinson (1957) wählten erfolgszuversichtliche Personen eine Aufgabe, bei der die Erfolgswahrscheinlichkeit ca. 50% betrug. Misserfolgsängstliche wählten bei freier Wahl der Aufgabe entweder eine extrem schwierige oder eine extrem leichte Aufgabe und zeigen damit eine genau spiegelbildliche Motivationskurve, wie in Abbildung 2 zu sehen ist. Im Fall sie schaffen die schwierige nicht, rechtfertigen sie sich damit, dass sie sowieso nicht schaffbar gewesen wäre. Jedoch kritisiert dies Rheinberg (2008) und nimmt an, dass Misserfolgsmotivierte nicht sehr stark in extreme Schwieirigkeitsbereiche ausweichen. Allerdings bevorzugen sie, bei hoher Gesamtmotivation eher schwierige Aufgaben und tendieren folglich zu stärkerer Überforderung.

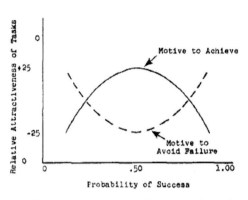

Abbildung 2: Attraktivität von Aufgaben und Erfolgswahrscheinlichkeit (Atkinson, 1957, S.365)

Hingegen geht die Zieltheorie von Locke (1968) davon aus, dass umso schwieriger die Ziele sind, desto höher auch die entsprechende Anstrengung und folglich auch die Leistung ist. Hier steht die Erreichung eines Ziels im Zentrum während beim Risiko-Wahl-Modell nur die Wahl eines bestimmten Ziels fokusiert wird (Heckhausen & Heckhausen, 2010).

Elliot (2006) und Lang und Fries (2006) gehen auch davon aus, dass die treibenden Kräfte für leistungsmotivierte Menschen Hoffnung auf Erfolg und Angst vor Misserfolg sind und sich wie zwei entgegengesetzte Pole darstellen. Furcht vor Misserfolg ist eine negativ wirkende Kraft. Da auch mit Misserfolg im Vorhinein gerechnet wird, besteht die Motivation einer Person darin diesen zu vermeiden. Die Hoffnung auf Erfolg bestärkt Personen im Glauben an die eigenen Fähigkeiten und die Möglichkeiten ihre Ziele zu erreichen. Sie ist eine positiv wirkende Kraft und bestärkt die eigene wahrgenommene Selbstwirksamkeit.

Selbstwirksame Menschen glauben an die eigenen Fähigkeiten und die persönliche Handlungsfähigkeit, dass sie Herausforderungen meistern können. Das bedeutet, dass eine selbstwirksame Person eine stark positive Antriebsmotivation aufweist, während Menschen mit großen Selbstzweifeln sich stärker auf Hindernisse und Misserfolge konzentrieren (Bandura, 1991). Der Selbstregulationsprozess wird durch die Selbstwirksamkeit beeinflusst hinsichtlich der proaktiven Ausrichtung auf ein Ziel. Umso höher die Selbstwirksamkeit eines Menschen ist, desto größere Herausforderungen werden als Ziele gesucht und desto hartnäckiger dann auch verfolgt. Herausfordernde und bestimmte Ziele müssen sich demnach kontinuierlich gesetzt werden (Locke & Latham, 1990).

Bandura (1991) sagt, dass menschliches Verhalten in großem Maße von Voraussicht gesteuert wird. Sie sehen die Konsequenzen ihres Handelns voraus und setzen sich proaktiv ein bestimmtes Ziel. Das heißt, sie steuern ihre Handlungen in vorausschauender aktiver Weise und suchen nach Wegen, welche zum geeigneten Ziel führen. Durch diese Zielsetzung wird eine Ungleichheit zwischen Ist- und Sollzustand empfunden und es entsteht ein innerer Spannungszustand in der betreffenden Person. Durch diese innere Anspannung wird eine hohe Selbstmotivation hinsichtlich der Zielverfolgung ausgelöst. Sobald das Ziel erreicht wird, kann die innere Spannung abgebaut und Entspannung erreicht werden (Lewin, 1936). Nach Bargh und Ferguson (2000) sind die Ziele bewusst und können unbewusste Prozesse in Gang bringen.

Laut Tooby und Cosmides (1990) ist das Annäherungs- und Vermeidungsverhalten charakteristisch für die Anpassung von Lebewesen an die Umwelt. Elliot (2006) besagt, dass es eine enge Verbindung zwischen dem Hierarchischen Modell der Annäherung und Vermeidung und den Antriebstendenzen Hoffnung auf Erfolg und Angst vor Misserfolg gibt. Wie beim Leistungsmotiv steht auch hier das Ziel im Zentrum und dient dazu, den Motiven eine bestimmte Richtung zu geben. Wie bei der Antriebstendenz Hoffnung auf Erfolg wird auch beim Annäherungsverhalten das Verhalten auf einen positiven Zielzustand, beispielsweise positives Feedback ausgerichtet. Beim Vermeidungsverhalten wird das Verhalten durch das Weglassen eines negativen Zielzustands, wie Angst vor einer Kündigung aktiviert. Die Angst vor persönlichen Misserfolgen dient zur Sicherung des Überlebens, aber über längere Zeit wird diese Vermeidungsmotivation anstrengend und kann zu einem generellen Vermeidungsverhalten führen. Kurzfristig kann die Furcht vor Versagen eine gute Antriebsmotivation darstellen, da sie höhere Leistungen mobilisieren kann. Allerdings ist die Hoffnung auf Erfolg auf Dauer vorteilhafter, da sie zum persönlichen Wachstum beiträgt, und sie sollte demnach die negative Ausrichtung auf den Zielzustand mit den ersten Leistungserfolgen ablösen.

Laut Elliot und Church (1997) kann das gleiche Ziel sowohl durch die Antriebstendenz Hoffnung auf Erfolg als auch Furcht vor Misserfolg aktiviert werden. Beispielsweise können auch Annäherungsziele aufgrund von Vermeidungszielen ausgesucht werden. Hat zum Beispiel ein Mitarbeiter Angst davor seinen Chef zu enttäuschen und dadurch seinen Job zu verlieren, wird das Leistungsziel vorerst durch Furcht vor Misserfolg mobilisiert. Ebenso ist aber auch die Antriebstendenz Hoffnung auf Erfolg aktiv und der Mitarbeiter wird durch das Definieren von Zielen und der Erbringung von Leistungen den Glauben an seine eigenen Fähigkeiten stärken und dieses Annäherungsverhalten systematisch einsetzen, um zu einem positiven Zielzustand zu gelangen. Folglich wird er eine positive Rückmeldung erhalten und ist stolz auf die eigene Tüchtigkeit (Furtner & Baldegger, 2013).

In Führungspositionen von größeren Organisationen geht es darum Menschen zu führen, wofür der stark Leistungsmotivierte zu sehr für sich allein arbeitet. Ihm fällt es schwerer zu delegieren, zu motivieren und andere zu begeistern. Jedoch an der richtigen Stelle in einem Unternehmen kann diese Person (Fachkräfte, Spezialisten) eine extreme Bereicherung sein. Eine leistungsorientierte Person ist nie zufrieden mit der bisherigen Leistung und setzt sich sofort neue Ziele, wenn eines erreicht ist, sonst könnte sie in eine Depression fallen. (Schmalt & Heckhausen, 2010). Aufmut (1988) zeigt am Beispiel von Extrembergsteigern, dass sie, sobald sie einen Gipfel erreicht haben, sich sofort ein neues Ziel setzen, um nicht in ein depressives Tief zu sinken.

1.3 Machtmotiv (Need for Power)

Die Menschheit ist schon immer von Macht fasziniert gewesen. Das Machtmotiv beschreibt das Bestreben, Einfluss auf andere Menschen, deren Gedanken, Emotionen und Verhalten auszuüben, um sich selbst stark und wirksam zu fühlen (Winter 1992). Selbst bei Schimpansen spielt Macht und Dominanz eine zentrale Rolle und laut Schmalt und Heckhausen (2010) scheint es ohne unterscheidbare Verteilung von Macht kein funktionierendes Sozialgebilde zu geben, das über längere Zeit lebensfähig wäre. Die Möglichkeiten der Einflussnahme sind geprägt von einem bewussten Abwägen von Kosten-Nutzen-Relationen und von unbewusster Demonstration von Macht durch Mimik und Gestik.

McClelland (1975) sieht in der Kontrolle über eine andere Person und der Stärke, die man dabei erlebt, das grundlegende Bedürfnis eines machtmotivierten Menschen. Allerdings ist allein das Gefühl Macht zu besitzen, das Gefühl sich stark zu fühlen wichtiger als andere zu beeinflussen. Einfluss auf andere auszuüben ist nur eine von vielen Möglichkeiten diesem Bedürfnis, sich stark zu fühlen, nachzukommen. Befriedigung des Machtmotivs kann bereits durch den Besitz von begehrten Machtquellen wie Status, Prestige, Besitz und Führungsposition erreicht werden. Nach Veroff (1957) spielt nicht nur die Aufrechterhaltung und Erwerb von Machtquellen eine Rolle, sondern auch die Angst vor Verlust der Machtquellen, also der eigenen Machtlosigkeit und der Angst, Macht durch andere zu erfahren.

Nach Murray (1938) verfolgen diese Personen das Ziel, ihre Umgebung zu beeinflussen und zu kontrollieren. Sie wollen andere dazu bringen, so zu handeln, dass es mit den eigenen Gefühlen und Bedürfnissen einhergeht. Derjenige hat aufgrund seiner Motivausprägung gelernt, mit welchen Mitteln und Wegen er dieses Ziel erreichen kann. Folglich hat jemand immer Macht über jemand anderen, wenn dieser zu etwas angestiftet wird, was er sonst nicht getan hätte. Durch diese Kontrolle erfährt man ein Gefühl von Kompetenz und Selbstwirksamkeit, welches das angestrebte Ziel darstellt (Schmalt & Heckhausen, 2010).

Terhune (1968) fand in einem Experiment heraus, dass bei ausgeglichenen Gewinnchancen machtorientierte Personen am gewinnsüchtigsten sind, den anderen versuchen hereinzulegen und gleichzeitig aber Kooperation erwarten. Anschlussmotivierte waren in diesem Versuch defensiver und die Leistungsmotivierten am kooperativsten. Allerdings wurden in seiner Untersuchung das Verhalten aller Teilnehmer immer defensiver und somit die Motivunterschiede immer geringer, je bedrohlicher und undurchsichtiger die Spielsituation wurde.

Verglichen mit den anderen beiden Motiven, zeigen machtmotivierte Personen aggressiveres und risikobereiteres Verhalten. Sie erwerben häufig prestigeträchtige Besitztümer, engagieren sich in Wettkampfsportarten, lesen mehr Sport– und Sexjournale, gehören verschiedenen Vereinen an oder schauen öfter gewalttätige Fernsehserien. Bei Prestigegütern handelt es sich um Objekte, welche ihnen in ihrer Gruppe Ansehen verschafft. Ihre Machtgefühle werden befriedigt, indem sie sich machterregenden Reizen wie Bildern von nackten Frauen, Geschichten über sexuelle Eroberung oder Siegen bei sportlichen Wettkämpfen aussetzen. In einer Studie mit College Studenten konnte gezeigt werden, dass das Machtmotiv eng verbunden ist mit ausgezeichneter Leistung in Sportarten wie Tennis, Football oder Basketball, die eine Art Mann gegen Mann Wettkampf beinhalten. Des Weiteren konnte ein stark ausgeprägtes Machtmotiv nachgewiesen werden, bei Personen, die Berufe ausüben, die einhergehen mit Manipulation, Erziehung oder Beeinflussung von Mitmenschen. Zu diesen Berufen zählen unter anderen Manager, Journalisten, Lehrer, Geistliche und Psychologen im Gegensatz zu Verwaltungsbeamten, Medizinern und Juristen (Winter, 1973).

Machtmotivierte Personen wollen die absolute und uneingeschränkte Aufmerksamkeit, Anerkennung und Wertschätzung. Überdies sind sie nur gering kritikfähig und suchen Kontakt zu leicht beeinflussbaren und ruhigen Menschen. (Furtner & Baldegger, 2013). Tiedens und Fragale (2003) haben in zwei Studien herausgefunden, dass bei einer Konfrontation mit einem dominanten Interaktionspartner vermehrt unterwürfiges Verhalten gezeigt wird und umgekehrt verlegenes Verhalten beim Gegenüber zu vermehrten Dominanzgehabe führt. Außerdem haben sie die Beobachtung gemacht, dass dieser sogenannte Komplementaritätseffekt im Verhalten unbewusst zu Wohlbehagen und positiven Affekten führt.

Sadalla, Kenrick und Vershure (1987) belegten in vier Studien, dass Frauen dominante Männer sexuell attraktiver finden und diese aus evolutionspsychologischer Sicht zur Sicherung der Fortpflanzung bevorzugen. Dominantes Verhalten von Männern lässt sie allgemein attraktiver erscheinen unabhängig vom Geschlecht des Beurteilers und vom Geschlecht des Interaktionspartners. Bei Frauen hatte dominantes Verhalten keine Auswirkung auf deren Attraktivität. In erster Linie zählt für Frauen bei Männern der Status (Machtmotiv), gefolgt von der Kompetenz (Leistungsmotiv) und der Umgänglichkeit (Anschlussmotiv) (Schmalt & Heckhausen, 2010).

Das Machtmotiv ist bei beiden Geschlechtern wirksam und sie bringen es in gleicher Weise zum Ausdruck, wie etwa in machtrelevanten Berufen. Ausnahme ist der impulsive Lebensstil, der nur bei Männern positiv mit dem Machtmotiv korreliert. Allerdings spielt hier die Verantwortungsübernahme für eigene Kinder eine wesentliche Rolle, welche machtmotiviertes Handeln abschwächen kann (Winter, 1988).

Neben Aggression und Ausbeutung steht das Machtmotiv aber auch mit hohen kommunikativen und kämpferischen Fähigkeiten, Humor und Charisma im Zusammenhang (Winter, 2002, 2005). Es bestehen Zusammenhänge zwischen dem Machtmotiv und der transformationalen und charismatischen Führung, da es sich darauf bezieht, die Emotionen anderer Menschen stark zu beeinflussen. Diese emotionale Beeinflussung anderer ist sehr mächtig und wirkungsvoll (Winter, 1988). Furcht vor Kontrollverlust, welche die hemmende Antriebstendenz des Machtmotivs ist, korreliert negativ mit aktivem und effektivem Führungsverhalten. Eine Führungskraft hat permanent Angst seine Macht und Kontrolle zu verlieren und versucht deshalb ständig diese Machtposition zu sichern (Furtner & Baldegger, 2013).

<u>Machtquellen</u>

French und Raven (1959) beschreiben fünf unterschiedliche Machtquellen. Die Belohnungs- und Bestrafungsmacht ist abhängig von den Möglichkeiten andere belohnen oder bestrafen zu können. Bei der Vorbildmacht wollen sich die Geführten mit ihrer Führungskraft identifizieren und die Beziehung aufrechterhalten (besonders bei transformationalen oder charismatischen Vorgesetzten). Es könnte sich auch um eine attraktive Gruppe handeln, zu der sich die betreffende Person dann zugehörig fühlen möchte. Die Legitimationsmacht bezieht sich auf den Status, den eine Person innerhalb einer Organisation hat. Gesellschaftsstruktur, kulturelle Werte und Normen bilden hier eine gemeinsame Grundlage. Die Expertenmacht ist vom jeweiligen Wissen in einem Fachgebiet abhängig. Unter diesen Punkt fällt auch die Informationsmacht von Deutsch und Gerard (1955), welche die Informationen, über die nur eine bestimmte Person verfügt, betrifft. Wichtig ist, dass die machtmotivierte Person jeweils über eine stärkere Quelle verfügt als die zu beeinflussende. Interessant ist, dass der Besitz von Machtquellen wie Expertentum auch vorgetäuscht werden kann. Beispielsweise sehr dominante Personen, die sich in der Gruppenarbeit besonders hervortun und ständig ungefragt ihre Meinungen äußern. Ganz gleich welche Kompetenzen diese Person wirklich hat, schreibt die Gruppe ihr hohes Expertentum zu und gesteht ihr hohe Einfluss- und Kontrollmöglichkeiten zu (Anderson & Kilduff, 2009).

Entwicklungsstufen des Machtverhaltens

Ferner gibt es nach McClelland (1975) vier verschiedene Entwicklungsstufen des Machtverhaltens. Diese Klassifikation des Machtverhaltens geht zurück auf die psychoanalytische Theorie der Ich-Entwicklung Eriksons (1963). Die Reifestadien können im Laufe der Entwicklung erreicht werden. Frühere Stadien können trotz Erreichen eines höheren wirksam bleiben, lediglich der Handlungsspielraum um Macht auszuüben wird erweitert. Die Macht wird demnach umso größer, je höher das Reifestadium des Machtverhaltens ist. In den ersten beiden Stadien geht es darum, dass sich die Person selbst besser fühlt. Im 1. Machtstadium befindet sich die Quelle in einer anderen Person, beispielshalber ist es die Mutter in der frühen Mutter-Kind Beziehung oder später die Mitgliedschaft in Vereinen und Organisationen, die unterstützend wirken und Kraft geben. Ein anderes Beispiel sind Anhänger einer charismatischen Führungspersönlichkeit. Die Geführten fühlen sich in seiner Nähe stark und erleben eine subjektive Machtwirkung. Folglich ist es in dieser 1. Stufe, für die charismatische Führungskraft, am leichtesten zu beeinflussen und zu führen. Im 2. Machtstadium befindet sich die Quelle der Macht in der jeweiligen Person und die Macht kann auf zwei verschiedene Arten ausgeübt werden. Zum einen kann eine Person sein Selbst aufwerten und vergrößern, indem sie sich wertvolle Güter wie teure Autos oder auch andere Personen aneignet. Beispiel hierfür wäre ein reicher Mann mit einer attraktiven Frau, beide befinden sich im 2. Machtstadium. Das Ziel ist zu zeigen, wie stark jemand ist, wenn er solche wertvollen Objekte besitzt. Zum anderen kann sich die Machtausübung in extremer Selbstkontrolle äußern bezüglich des eigenen Körpers, wie Kraft- und Ausdauersport oder strengen Diäten. Die folgenden Machtstadien drei und vier zielen auf die Beeinflussung andere Menschen ab. Im 3. Machtstadium geht es um ein Gefühl der Stärke, welches bei erfolgreicher Durchsetzung in Konfrontation mit jemand anderen, wie beim Wettkampfsport, entsteht. Die Person fühlt sich stark, indem sie Macht und Einfluss auf andere hat. Es kann in dieser Phase eine personalisierte egoistische und eine sozialisierte kontrollierte Form der Machtmotivation unterschieden werden. Die personalisierte Art ist manipulativ und der eigene Vorteil steht im

Vordergrund, während bei der sozialisierten Form die Macht zum Nutzen anderer angestrebt wird, um diese stärken zu können. Im 4. Machtstadium liegt die Quelle wieder außerhalb der eigenen Person. Durch eine höhere Instanz werden sie dazu gedrängt, Einfluss auf andere zu nehmen und wirken dadurch sehr altruistisch und selbstlos. Auch hier sollen sich andere Menschen stärker und besser fühlen. Personen, die sich bereits in dieser Phase des Machtstadiums befinden, verfügen über die höchste Form der Macht und es fällt ihnen leicht andere zu begeistern und in ihren Bann zu ziehen. Beispiele sind Religionsgründer oder durch hohe Ideale geleitete Personen wie Mahatma Gandhi (Furtner & Baldegger, 2013). Gerade auch Politiker betonen stets, im Dienste der Sache und zum Wohle der Allgemeinheit zu handeln (Schmalt & Heckhausen, 2010).

Machthandeln

Cartwright (1965) und Kipnis (1974) beschreiben ein deskriptives Modell des Machthandelns, in dem die wichtigsten Stadien in einem Machtzyklus dargestellt sind, welche aber nicht alle notwendigerweise durchlaufen werden müssen. Damit es zum Machthandeln kommen kann, muss bei einer Person zunächst eine Machtmotivation, andere zu beeinflussen, bestehen. Die Gründe hierfür können höchst unterschiedlich sein. Wie oben bereits beschrieben, haben sie das Ziel, Stärke und Kontrolle zu erleben. Die machtmotivierte Person gibt seinem Interaktionspartner als Nächstes zu verstehen, was von ihm erwartet wird und der weitere Verlauf der Interaktion ist abhängig von der Reaktion seitens der Zielperson. Sollte diese direkt auf die Forderungen eingehen, ist die Interaktion beendet und das Machtmotiv wurde erfolgreich durchgesetzt. Kommt es jedoch seitens der Zielperson zu Widerstand, wägt die machtmotivierte Person ab, welche seiner Machtquellen erfolgreich eingesetzt werden können. Diesen Machtquellen können jedoch auch Hemmungen, wie zum Beispiel Furcht vor Gegenmacht des anderen oder niedriges Selbstvertrauen entgegenstehen. Normen und Kultur beschränken die Möglichkeiten der Machtausübungen. Es besteht die Wahl zwischen verschiedenen Einflussmitteln, sobald diese Hemmungen überwunden sind. Diese können den Machtquellen entsprechen oder von der Situationswahrnehmung abhängen. Meist kommen hier Verhaltensroutinen zum Tragen und erst bei unerwarteten Widerständen wird bewusst über die Einflussmittel und der eventuellen Verschärfung dieser reflektiert. Menschen mit geringem Selbstvertrauen meiden persönliche Einflussnahmen und bevorzugen institutionelle Maßnahmen, wenn ihnen ihre Führungsposition viele institutionelle Machtquellen zur Verfügung stellt. Die Reaktion der Zielperson hängt von deren eigenen Motiven und Machtquellen ab. Sie kann äußerlich zustimmen, jedoch innerlich anderer Meinung sein; innerlich zustimmen und äußerlich aber nur zögernd nachgeben; an Selbstachtung verlieren oder an Respekt dem Interaktionspartner gegenüber gewinnen. Die daraus resultierenden Folgen für den Machtausübenden liegen im Gefühl von realisierter Kontrolle und einem Zuwachs an Status, Selbstachtung und Ressourcen. Ebenso kann das Bild, das man von der beeinflussten Person hat, sich verändern, indem man ihr weniger eigene Motivation und mehr Abhängigkeit beimisst und mehr Abstand aufbaut (Schmalt & Heckhausen, 2010).

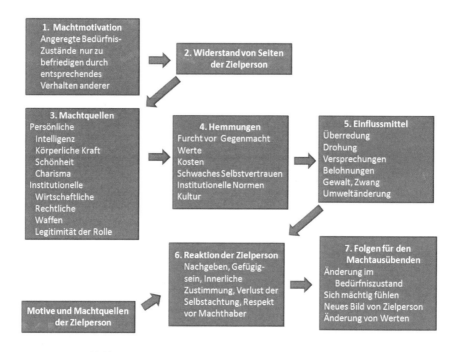

Abbildung 3: Deskriptives Modell des Machthandelns (Kipnis, 1974, S.89)

1.3.1 Sozialisiertes Machtmotiv

Nach Winter (1992) unterscheiden sich Menschen hinsichtlich der Form, wie sie ihre Machtmotivation verwirklichen. Die Machtimpulse können gehemmt oder ungehemmt ausgelebt werden. Um Macht zu kontrollieren bedarf es jedoch eines hohen Maßes an Selbstkontrolle.

Frühe Übernahme von verantwortungsvollen Aufgaben in der Kindheit, wie Kinderbetreuung und Nahrungszubereitung helfen dabei ein sozialisiertes verantwortungsvolles Machtmotiv zu entwickeln (Winter, 1988).

Mittel- bis langfristig gesehen ist die sozialisierte Art der Machtausübung (gehemmt und kontrolliert) erfolgreicher, da sie sozial verträglicher ist und ein größerer Wert auf die Bedürfnisse des sozialen Umfeldes gelegt wird. Verfügt eine Führungskraft über diese Art der Machtmotivation, versucht sie ihre Mitarbeiter zu stärken und ihr Umfeld von ihrer Macht profitieren zu lassen (McClelland, Davis, Kalin &Wanner, 1972).

Solche Führungspersönlichkeiten stehen für die positive Seite des Machtspektrums. Sie haben eine gute Vorbildfunktion und versuchen ihre Visionen zum Vorteil ihrer Geführten einzusetzen und das Gefühl von Stärke und Wirksamkeit an diese weiterzugeben (Schmalt & Heckhausen, 2010). Nach Schultheiss und Brunnstein (2002) besitzen diese Personen eine bessere Überzeugungskraft und folglich auch eine größere Macht, als welche mit einem personalisierten Machtmotiv. Sie benutzen Strategien, die sehr effektiv die wahrgenommene Überzeugungskraft ihrer Argumente erhöht. Demnach sprechen sie fließender, benutzen ihre Augenbrauen und setzen zugleich mehr Gestik ein. Wie stark eine Person ihre emotionalen Impulse hemmen bzw. kontrollieren kann, ist ein wichtiger Faktor in Bezug auf das Machtmotiv und sozialem Verhalten. Folglich kommen Menschen mit einem gehemmten Machtmotiv vermehrt in Führungspositionen.

McClelland (1975) bezeichnet ein hohes Machtmotiv mit hoher Hemmung und einem niedrigen Anschlussmotiv als „Führungsmotivmuster", welches sich durch die Fähigkeit Loyalität und Begeisterung in den Mitarbeitern zu wecken, auszeichnet. Am wirksamsten ist es, wenn sich die Person zudem auch noch in der 4. Entwicklungsstufe der Macht befindet. Bei Führungskräften mit diesem Motivmuster ist Verantwortlichkeit, Klarheit in der Organisation und Teamgeist charakteristisch.

1.3.2 Personalisiertes Machtmotiv

Bei Männern ist das personalisierte (ungehemmte/ unkontrollierte) Machtmotiv stärker ausgeprägt und dient egoistischen und persönlichen Zielen. Fehlt die Aktivitätshemmung, äußert sich ein hohes Machtmotiv durch ausbeuterische Sexualkontakte, Gewaltanwendung oder starkem Alkoholkonsum (Winter, 1988). Das Trinken von Alkohol verstärkt die Machtphantasien und führt zu selbstbewussteren und aggressiveren Verhaltensweisen. Dies steht in engerem Zusammenhang als Machtgefühle passiv durch Lesen und Zuschauen zu erzeugen (McClelland, Davis, Kalin &Wanner, 1972).

Bei Führungskräften, die nicht über die nötige Selbstkontrolle verfügen, äußert sich diese Form des Machtmotivs häufig in impulsiven Verhaltensweisen. Auf kurze Zeit kann die egoistische Machtmotivation durchaus erfolgreich sein (Winter, 1988). Allerdings hält ein ungehemmtes Machtmotiv, welches sich in impulsiven und aggressiveren Verhaltensweisen äußert, eher davon ab gesellschaftlich erfolgreich zu sein (Schultheiss & Brunnstein, 2002).

Nach (Deluga, 2001) steht diese egoistische Form der Machtmotivation in engem Zusammenhang zu den „dunklen" Persönlichkeitseigenschaften Machiavellismus und Narzissmus. Auch korreliert beispielsweise Machiavellismus positiv mit charismatischer Führung bei Präsidenten.

Erwähnenswert ist auch, dass der Testosteron-Spiegel positive Zusammenhänge mit Dominanz, Gewalt, Aggression und außerpaarmäßigen Beziehungen aufzeigt (Mazur & Booth, 1998). Nach Bernhardt, Dabbs, Fielden und Lutter (1998) verändert sich der Testosteron-Spiegel bei direkten und dominanzrelevanten Konfrontationen. Zu diesen zählen auch sportliche Wettkämpfe, bei denen zu Beginn der Testosteron-Wert ansteigt und bei Gewinnern länger auf dem erhöhten Niveau bleibt. Dieser Anstieg geht einher mit dem Erlernen von gewinnbringenden Verhaltensweisen in Wettbewerben und wurde im Speziellen bei Personen mit ungehemmtem Machtmotiv beobachtet (Schultheiss & Rohde, 2002).

2. Führungsverhalten - Leadership Behavior

Nach Burns (1978) wird Führungsverhalten mitunter so definiert, dass eine Führungsperson, dafür sorgt, das die Geführten etwas machen, was sie sonst nicht machen würden bzw. eben das, was die Führungsperson will. Er jedoch beschreibt eine Führungsperson als einen, der seine Geführten dazu veranlasst, für gewisse Ziele zu handeln, die Werte und Motivation wie Erwartungen, Bedürfnisse und Ansprüche sowohl der Geführten als auch Führungsperson wiederspiegeln.

Führung ist für French und Snyder (1959) der potentielle soziale Einfluss von einem Teil der Gruppe auf einen anderen. Wenn ein Mitglied Macht über einen anderen hat, dann besitzt er folglich ein gewisses Ausmaß an Führung. Da meistens jedes Mitglied einer informalen Gruppe über einen gewissen Einfluss verfügt, ist Führung weitgehend verteilt in der Gruppe. Die „Follower" oder „Geführten" sind Mitglieder mit weniger Führerschaft entweder aufgrund ihrer persönlichen Eigenschaften oder ihrer untergebenen Position.

Nach Northouse (2010) gibt es unzählige Definitionen von Leadership, jedoch geht es für ihn vor allem um einen Prozess, der eine Beeinflussung mit einbezieht, in Gruppen stattfindet und gemeinsame Ziele umfasst.

Die Führungsforschung lässt sich in die heroische und die postheroische Phase unterteilen. Zur heroischen Phase zählt das Full-Range-Leadership-Modell von Bass und Avolio (1995), welches aus den Dimensionen der transformationalen, transaktionalen und der Laissez-faire-Führung besteht und zum aktuell wichtigsten Führungsmodel zählt (Avolio, 2011; Judge & Piccolo, 2004). Hier steht die Führungskraft im Zentrum und beeinflusst die Organisation im Wesentlichen als Einzelperson. Wie in Abbildung 4 dargestellt, reichen die drei Arten von Führungsverhalten von einem aktiven und effektiven Führungsverhalten (Transformationale Führung) bis über eine passive und ineffektive Führung zu einer völligen Absenz von Führung (Laissez-faire). Die transformationale Führung lässt sich somit in vier und die transaktionale Führung in drei Dimensionen unterteilen. Darüber hinaus existiert noch die „Nonleadership" Dimension (Bass, 1985).

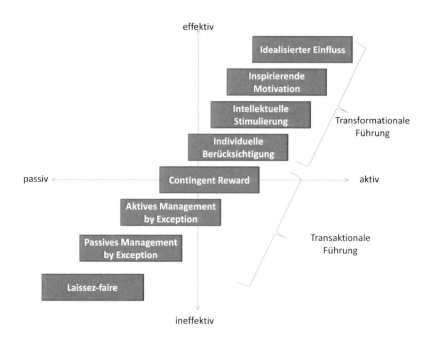

Abbildung 4: Full-Range-Leadership Modell (Sosik & Jung, 2010, S. 10)

Judge und Piccolo (2004) führten eine Metaanalyse zur Überprüfung des Full-Range-Leadership Modells durch mit den Erfolgskriterien Zufriedenheit der Geführten mit ihrer Führungskraft, Arbeitsmotivation der Geführten, Arbeitsleistung und Effektivität der Führungskraft. Es zeigte sich, dass die transformationale Führung hinsichtlich der Kriterien die positivsten Effekte aufweist. Auch Contingent Reward weist positive Effekte auf, während die Laissez-faire-Führung eine negative Verbindung zu den Kriterien zeigt. Sie konnten auch nachweisen, dass die transformationale Führung mit 0.80 relativ hoch mit Contingent Reward korreliert und mit -0.65 negativ mit der Laissez-faire-Führung im Zusammenhang steht, wodurch es schwer ist die einzelnen Effekte zu messen.

Reicher, Haslam und Hopkins (2005) gehen davon aus, dass Führung ein transformationaler Prozess ist, der Veränderungen im Selbstverständnis der Menschen und in der sozialen Umwelt mit sich bringt. In diesem Prozess sind aber nicht nur eine einzige charismatische Person, sondern stets mehrere Menschen für die Entwicklung der Organisation und die Führung verantwortlich. Führungspersonen sind genauso abhängig von den Geführten, wie andersherum. Führungsverhalten ist für Crevani, Lindgren und Packendorff (2007) ein Zusammenspiel von mindestens zwei oder mehr Personen.

Schlussendlich konzentriert sich nach Fletcher (2004) die postheroische Phase von Führungsverhalten, zu welchem unter anderen Empowering Leadership zählt, wieder vermehrt auf die Geführten und die Teilung von Macht und Wissen. Hierbei soll die Selbstbestimmung und die Autonomie der Geführten gesteigert und die Macht mit ihnen geteilt werden. Somit übernehmen die Mitarbeiter Verantwortung und steigern ihre Fachkenntnisse. Die Führungskraft tritt wieder mehr in den Hintergrund und wird entbehrlicher. Empathie und Zusammenarbeit sind gefragt. Weiteres soll die Macht sogar so entwickelt werden, dass sich die Mitarbeiter letztendlich selbst führen können. Folglich versteht es eine postheroische Führungskraft die Fähigkeiten und Potenziale der Mitarbeiter auszuschöpfen, ihr Wissen nutzbar zu machen und Innovation zu fördern (Crevani, Lindgren & Packendorff, 2007).

Die Führungsforschung ist ein dynamischer Prozess, der sich ständig weiterentwickelt (Pearce et.al, 2003). Manz und Sims (1991) beschreiben anhand einer historischen Analyse die direktive/ autoritäre („strong-man"), die transaktionale („transactor") und die transformationale („visionary hero") Führungsperson und Empowering Leadership („SuperLeader"), welche vier unterscheidbare Konstrukte darstellen (Pearce et.al, 2003) und im Folgenden näher erklärt werden.

Messung des Führungsverhaltens

Der am häufigsten eingesetzte Fragebogen zur Messung von Full Range Leadership ist der Multifactor Leadership Questionnaire (MLQ) von Bass (1985) (Díaz-Sáenz, 2011; Northouse, 2010). Eine Alternative stellt das Transformational Leadership Inventory (TLI) zur Messung von transformationaler und transaktionaler Führung von Podsakoff, MacKenzie und Bommer (1996) dar. Allerdings liegt ein Nachteil darin, dass Management by Exception und die laissez-faire Führung nicht berücksichtigt werden. Zur Messung von Superleadership werden der Empowering Leadership Questionnaire (ELQ) von Arnold, Arad, Rhoades und Drasgow (2000) sowie die Empowering Leadership Scale (ELS) von Pearce und Sims (2002) eingesetzt. Ein alternatives Verfahren stellt das Leadership Empowerment Behavior (LEB) von Ahearne, Mathieu und Rapp (2005) dar.

2.1 Laissez-fair-Führung

Da sich die Führungsforschung überwiegend auf die beiden aktiven Führungsverhalten des Full-Range-Leadership Modells konzentriert, gibt es nur wenige empirische Studien zu destruktiven und passiven Führungsverhalten wie das Laissez-faire-Führungsverhalten (Skogstad, Einarsen, Torsheim, Aasland & Hetland, 2007). Bereits 1939 beschreiben Lewin, Lippitt und White die Laissez-faire-Führungskraft als eine Person, die zwar für diese Position bestimmt wurde und diese auch physisch besetzt, sich jedoch jeglicher Verpflichtungen und Aufgaben entzieht.

Bass (1985) ergänzte mit der Laissez-faire-Führung das Full-Range-Leadership Modell um eine passive und ineffektive Führungsdimension. Da sie keine eigentliche Führung aufgrund ihrer Passivität und Ineffektivität darstellt, ist das Laissez-faire-Führungsverhalten auch bekannt als „Nontransactional" oder „Nonleadership" (O`Shea, Foti, Hauenstein & Bycio, 2009). Eine Laissez-faire-Führungskraft hält sich völlig zurück und ist nur schwer zu erreichen. Sie vermeidet es Entscheidungen zu treffen, an Besprechungen teilzunehmen und Verantwortung zu übernehmen. Auch geht sie jeglichen Konflikten aus dem Weg, vermeidet es Probleme zu lösen und gibt ihren Geführten keine Rückmeldungen oder gar Belohnungen für ihre Leistungen. Es wird vermieden die Geführten für ein Ziel zu begeistern und eine Laissez-faire-Führungskraft interessiert sich nicht für die Arbeit der Mitarbeiter. Folglich findet kaum ein Austauschprozess oder eine Interaktion zwischen Führungskraft und Geführten statt und es entstehen auch immer mehr Rollenkonflikte. Die Laissez-faire-Führung wirkt sich negativ auf die Geführten und die gesamte Organisation aus. Unzufriedenheit und Frustration bei den Geführten sind hoch und sie weisen ein geringes Commitment auf. Somit ist auch eine hohe Fluktuationsrate vorprogrammiert, da die Mitarbeiter die Organisation bei der ersten Möglichkeit verlassen (Bass & Avolio, 1990).

Die Führungskraft wird eher als „Idiot" wahrgenommen und die Mitarbeiter versuchen die fehlende Führung durch ihre eigenen Fähigkeiten und ihre Erfahrungen zu ersetzen (Sosik & Jung, 2010). Auch bietet die fehlende Führung die Gefahr, dass Mitarbeiter mit einem hoch ausgeprägten Machtmotiv oder einer hohen Führungsmotivation versuchen die Führungskraft durch mikropolitische Taktiken zu Fall zu bringen und abzulösen (Furtner & Baldegger, 2013).

Zentrale Merkmale

Nach Sosik und Jung (2010) weist die Laissez-faire-Führung vier zentrale Merkmale auf. Zum einen vermeiden es Laissez-faire-Führungskräfte, wie bereits erwähnt, an Besprechungen teilzunehmen und Entscheidungen zu treffen. Ihnen fehlt der Wille Probleme zu lösen. Demnach wirkt eine Laissez-faire-Führungskraft als negatives Vorbild und Rollenmodell und folglich sinkt auch das Commitment bei den Geführten. Zum anderen ist die Laissez-faire-Führungskraft abwesend, wenn sie gebraucht wird und delegiert ihre Aufgaben lieber an die Geführten, um ihren eigenen persönlichen Interessen nachgehen zu können. Des Weiteren ist sie sehr inaktiv und gibt nur zögerlich Rückmeldungen. Häufig nimmt die Führungskraft gar nicht wahr, dass sich ihr Verhalten negativ auf die Zufriedenheit der Mitarbeiter auswirkt. Jedoch führt dieses fehlende Interesse an wichtigen Themen und an ihrer Arbeit bei den Geführten zu Demotivation und zerstört ihr Vertrauen. Ferner meidet es die Laissez-faire-Führungskraft Leistungsergebnisse zu betonen. Weder beurteilt oder bewertet sie die Leistungen ihrer Mitarbeiter noch versucht sie diese zu verbessern. Wenn überhaupt Feedback gegeben wird, dann nur schwach und bedeutungslos, unabhängig davon wie gut oder schlecht die verschiedenen Leistungen der Geführten sind.

Es wird vermieden Ziele zu vereinbaren, vermutlich aus der Angst heraus, dass diese nicht eingehalten werden und sie dafür die Verantwortung übernehmen muss. Somit wird diese auf die Mitarbeiter übertragen. Eine weitere Erklärung für die Laissez-faire-Führung bietet ein hoch ausgeprägtes Anschlussmotiv verbunden mit einem niedrigen Macht- und Leistungsmotiv. Menschen mit einem hohen Anschlussmotiv wollen bei anderen beliebt sein, ihnen keine Ziele vorschreiben und zeigen dadurch eher ein passiv-vermeidendes Verhalten (Furtner & Baldegger, 2013).

Auswirkungen

Laut Kelloway, Sivanathan, Francis und Barling (2005) zählt die Laissez-faire-Führung zum passiven destruktiven Führungsverhalten, wie auch zum Teil Management by Exception (passiv), welches nachfolgend noch genauer erklärt wird. In der Laissez-faire-Führung gibt es keinerlei Vereinbarungen und sie gehen davon aus, dass diese Art von Führung mit verschiedenen Stressoren am Arbeitslatz einhergeht. Es löst bei den Mitarbeitern wie bereits erwähnt Unzufriedenheit mit ihrer Arbeit aus und zeigt negative Auswirkungen auf ihre Arbeitsleistung.

Außerdem treten Spannungen, Rollenkonflikte, Unklarheiten hinsichtlich der eigenen Rolle, Stressreaktionen und höhere Belastungen auf. Durch die Ignoranz und die Absenz einer Laissez-fair-Führungskraft ist das Arbeitsklima geprägt durch einen hohen Grad an Konflikten. Des Weiteren wurde in einer empirischen Studie mit norwegischen Angestellten belegt, dass diese Art von Führungsverhalten auch mit Mobbing am Arbeitsplatz im Zusammenhang steht (Skogstad, Einarsen, Torsheim, Aasland & Hetland, 2007).

Hinkin und Schriesheim (2008) entwickelten zwei Skalen zur Erforschung der negativen Auswirkungen von Laissez-faire-Führung. Sie untersuchten die Unterlassung von Belohnungen bei positiven Leistungen und das Weglassen von Bestrafungen bei negativen Ergebnissen. Durch das Vermeiden von leistungsbezogenen Belohnungen und Bestrafungen äußerten die Geführten Unzufriedenheit mit ihrer Führungskraft, schreiben ihr ineffektives Verhalten zu, die Rollen sind nicht klar verteilt und die Mitarbeiter zeigten vermehrt negative Leistungen. Die Autoren verdeutlichten anhand ihrer Studien, nicht nur wie wichtig leistungsbezogene Verstärkung durch den Vorgesetzten ist, sondern auch welch negative Konsequenzen ein vermeidendes Verhalten nach sich zieht.

Eine passiv vermeidende Führung, wie die Laissez-faire-Führung, aber auch passives Management bei Exception stellen keine angemessene Führung dar und weisen einen Zusammenhang auf zu Burnout, Abgeschlagenheit und Erschöpfung bei den Geführten (Hetland, Sandal & Johnsen, 2007).

Nach Kerr und Jermier (1978) wird das Führungsverhalten aber auch durch individuelle, aufgabenbezogene oder organisationale Variablen beeinflusst. Das bedeutet, das Verhalten einer Führungskraft wird durch situative Faktoren beeinflusst und kann somit gefördert, neutralisiert oder ersetzt werden. Folglich können situative Kriterien wie Merkmale der Geführten, der Aufgabe oder der Organisation die negativen Auswirkungen von Laissez-faire-Führungsverhalten abschwächen. Ein Beispiel wären Aufgaben, die unmissverständlich und routinemäßig anfallen oder organisationale Belohnungen, die die Führungskraft nicht betreffen.

2.2 Direktive Führung

Manz und Sims (1991) beschreiben die direktive Führungsperson als „strong man" und benutzen absichtlich den maskulinen Ausdruck, da dieser Prozess fast ausschließlich von Männern dominiert wurde, als diese Art von Führung noch weit verbreitet war. Diese Führung existiert heute immer noch in vielen Organisationen, obwohl sie bei weitem nicht mehr so hoch angesehen ist wie sie einmal war und wird meist immer noch von ausschließlich Männern ausgeführt.

<u>Zentrale Merkmale</u>

Das Expertenwissen besitzt fast einzig die Führungskraft selbst. Sie schätzt die Situation ein und überbringt Befehle der Organisation an die Arbeiter. Falls diese nicht korrekt ausgeführt werden, verhängt die Führungskraft zwangsläufig irgendeine Art von Bestrafung. Die direktive Führung bezieht sich auf die Positionsmacht der Führungskraft, welche von French und Raven (1959) als Legitimationsmacht bezeichnet wird. Das heißt, die Führungsperson hat aufgrund ihrer Position innerhalb der Organisation die Macht, andere Menschen zu belohnen oder zu bestrafen. Ein Beispiel verkörperte Frank Lorenzo von der US-Fluggesellschaft Eastern Airlines. Sie schließt unter anderen Anweisungen, Befehle, Drohungen, Maßregelungen und vorgegebene Ziele mit ein. Folglich besteht ein großer Nachteil darin, dass es sich hemmend auf die Innovationsfähigkeiten der Mitarbeiter auswirkt und die Flexibilität niedrig ist (Pearce et.al, 2003).

Auswirkungen

In bestimmten Situationen kann das direktive Führungsverhalten durchaus von Vorteil sein, so bevorzugen zum Beispiel Unfallchirurgen bei wenig Erfahrung der Ärzte oder einem schlimmen Unfall diese Art von Führung. In den Untersuchungen von Sims, Faraj und Yun (2009), veranschaulicht dargestellt in Abbildung 5, ist ein entscheidender situationsbedingter Faktor der Schweregrad der Verletzung. Das heißt je kritischer der Zustand eines Patienten ist, desto mehr tendiert die Führungsperson dazu direktiv zu sein. Der Faktor Zeit spielt hier eine wesentliche Rolle. Ist der Patient nicht so schwer verletzt und es besteht weniger Zeitdruck für die Behandlung, ist der Oberarzt logischerweise eher bereit Verantwortung abzugeben. Außerdem ist auch die Erfahrung des Assistenzarztes von Bedeutung. Je unerfahrener sie noch sind, desto mehr wird der Oberarzt direktives Führungsverhalten mit klaren Anweisungen bevorzugen.

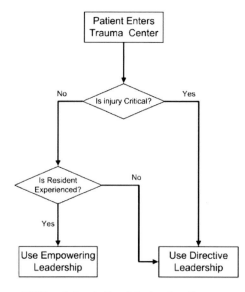

Abbildung 5: Entscheidungskriterien eines Oberarztes (Sims, Faraj & Yun, 2009, S.154)

Folglich ist diese Führung effektiv in Situationen, in denen die Erfüllung kurzfristiger Ziele von größerer Bedeutung ist, als die Mitarbeiter weiterzuentwickeln, klare Ziele vorhanden sind und auch die Führungsperson mehr Erfahrung besitzt (Sims, Faraj & Yun, 2009). In anderen Worten ist es sinnvoll, wenn eine hohe Dringlichkeit, ein hohes Risiko und ein niedriges Entwicklungspotential der Mitarbeiter existiert. Und des Weiteren eine sehr unstrukturierte Aufgabenumwelt, wie eine nicht eindeutige Aufgabenverteilung oder hohe Unsicherheiten, vorliegt (Houghton & Yoho, 2005).

Nach Houghton und Yoho (2005) bewirkt eine direktive Führungskraft eine starke Befolgung der Regeln und große Konformität. Allerdings sind die Mitarbeiter sehr stark abhängig von ihrer Führungsperson und die Kreativität und Innovationsfähigkeit der Geführten ist niedrig.

2.3 Transaktionale Führung

Die transaktionale Führung zählt zum Old Leadership Paradigma. In der transaktionalen Führung liegt der Schwerpunkt auf dem rationalen Austauschprozess von Ressourcen, der zwischen der Führungskraft und den Geführten stattfindet (Sosik & Jung, 2010). Sie gliedert sich in *passives Management by Exception, aktives Management by Exception* und *Contingent Reward*. Die transaktionale Führung stellt zudem eine wichtige Grundlage für die transformationale Führung dar (Furtner & Baldegger, 2013).

<u>Zentrale Merkmale</u>

Unter Management by Exception versteht man generell eine Führungskraft, die ein beobachtendes und kontrollierendes Verhalten zeigt, welches eher korrektiv statt konstruktiv ist (Judge & Piccolo, 2004). Nach Howell und Avolio (1993) legt die Führungskraft beim aktiven Management by Exception den Fokus auf die Beobachtung und die Kontrolle und deckt somit mögliche Problemfelder und Fehler bereits im Vorhinein auf. Demnach liegt der Unterschied zum passiven Management by Exception im Zeitpunkt des Eingreifens, da hier die Führungskraft erst etwas unternimmt, wenn die Fehler bereits aufgetreten und Probleme akut sind. Das heißt, die Führungskraft tritt in den Hintergrund und interveniert nur dann, falls Schwierigkeiten bereits vorhanden sind und wieder beseitigt werden müssen. Allerdings wird den Mitarbeitern mitgeteilt, dass sie selbst die Verantwortung für mögliche Fehler tragen und mit entsprechenden Konsequenzen rechnen müssen. Da die Geführten nicht in den Problemlöseprozess eingebunden werden und wenig Commitment gegenüber ihrer Führungskraft und Organisation aufweisen, ist die passive Form von Management by Exception sehr ineffektiv.

Management by Exception (passiv)

Laut Sosik und Jung (2010) gibt es vier Verhaltensweisen, die diese Art von Führungsverhalten näher beschreiben. Zunächst findet eine Intervention der Führungskraft nur dann statt, wenn ein Ziel nicht erreicht wird bzw. unbefriedigend ist. Die Führungskraft versucht nicht seine Mitarbeiter zu führen und zu entwickeln, da sie nicht erkennt, dass diese einen wichtigen Teil der Organisation darstellen. Die Geführten werden lediglich bei Fehlern zur Verantwortung gezogen. Des Weiteren wartet die Führungskraft, bis ein Problem aufgetreten ist und antizipiert mögliche Fehler nicht. Das heißt, sie ist sehr reaktiv, passiv und ineffektiv und greift immer erst dann ein, wenn es bereits zu spät ist. Ferner geht sie davon aus, dass Fehler nicht existieren, solange sie nicht sichtbar sind und unternimmt deswegen auch nichts, bis nicht etwas kaputt ist. Der letzte Punkt der passiven Form des transaktionalen Führungsverhalten beschreibt die passive und reaktive Haltung der Führungskraft, da diese auf auftretende Probleme auch nur sehr zögerlich regiert.

Management by Exception (aktiv)

Im Gegensatz zum passiven Management by Exception antizipiert die Führungskraft bei der aktiven Form eventuelle Probleme und Fehler. Der Fokus liegt hier auf der Überwachung von Arbeitsabläufen und der aktiven Überprüfung der Mitarbeiter auf Fehler und Zielabweichungen, um rechtzeitig korrigierend eingreifen zu können. Ein Beispiel wäre ein Vorgesetzter im Verkauf, der täglich überwacht, wie die Mitarbeiter sich an die Kunden wenden (Northouse, 2010). Für Sosik und Jung (2010) sind für das aktive Management by Exception drei Verhaltensweisen charakteristisch. Erstens beobachtet und kontrolliert die Führungskraft, ob die Mitarbeiter bei der Arbeit Fehler machen und versucht gegebenenfalls auch mittels Bedrohung oder Einschüchterung eine kurzfristige Verhaltensänderung oder Leistungssteigerung zu erreichen. Zweitens legt die Führungskraft ihre zentrale Aufmerksamkeit auf Fehler, Beschwerden, Abweichungen und Verstöße. Und drittens antizipiert sie, wie bereits erwähnt, wann und wie Fehler entstehen und gewisse Probleme auftreten. Der Gedanke zu dieser Art von Führung kommt aus dem Taylorismus, bei dem die Führungskraft ihr zentrales Interesse auf den einzelnen Arbeiter und dessen Fehler legt, um die Produktivität zu steigern (Taylor, 1911). Ein anschauliches Beispiel bietet der Film Modern Times von Charlie Chaplin, in dem Fließbandarbeiter durch den Vorarbeiter kontrolliert werden und dieser auch notfalls korrigierend eingreift.

Contingent Reward

Contingent Reward entspricht der konstruktivsten Form von transaktionaler Führung, bei welcher der Fokus auf dem transaktionalen Austauschprozess zwischen Führungskraft und Geführten liegt. Das heißt, die Geführten erhalten im Austausch für ihre Leistung eine Belohnung und somit Anerkennung für ihre Arbeit. Im Mittelpunkt steht die gemeinsame Zielvereinbarung zwischen Führungskraft und Mitarbeitern. Gegenüber den Mitarbeitern macht die Führungskraft ihre Leistungserwartung deutlich (Judge & Piccolo, 2004).

Wird diese erreicht, erhalten die Geführten Belohnungen, wie eine Gehaltserhöhung oder eine Beförderung, welche als positive Verstärker fungieren und die extrinsische Motivation ansprechen. Demnach gehen Mitarbeiter und Führungskraft eine Art Vertrag miteinander ein. Im Fall, dass dieses gemeinsam vereinbarte Ziel nicht erreicht wird, kommt es zu einer negativen Verstärkung, das bedeutet, die Belohnung fällt weg oder es zieht sogar eine Bestrafung nach sich. Mittels der negativen Verstärkung versucht die Führungskraft unerfreuliches Leistungsverhalten der Mitarbeiter zu mindern. Eine Bestrafung wie eine Versetzung kann zu negativen Effekten führen und längerfristig die Motivation der Mitarbeiter herabsetzen, weshalb sie nur in äußerst schwerwiegenden Fällen eingesetzt werden sollte (Furtner, 2012). Ein Beispiel dieser Art von Transaktion stellen auch Eltern dar, welche mit ihren Kindern darüber verhandeln, wie viel sie fernsehen dürfen, nachdem sie am Klavier geübt haben (Northouse, 2010).

Nach Sosik und Jung (2010) weist eine Führungskraft mit Contingent Reward vier charakteristische Verhaltensweisen auf. Zunächst vereinbart sie gemeinsame Ziele mit den Geführten.

Tabelle 2: SMART Ziele (O'Neill & Conzemius, 2005, S.13-17)

S = Strategic and Specific (Spezifisch)	Das Ziel muss einfach und präzise sein. Es muss klar sein, was bewirkt werden soll.
M = Measurable (Messbar)	Das Ziel muss messbar sein. Es wird festgelegt, wie die Zielerreichung überprüft werden kann.
A = Attainable (Anspruchsvoll)	Das Ziel muss anspruchsvoll sein. Die Zielerreichung muss eine Herausforderung darstellen, d.h. das Ziel sollte nicht zu einfach, aber auch erreichbar sein.
R = Results-based (Realistisch)	Das Ziel muss realistisch und ergebnisorientiert sein, um zu motivieren.
T = Time-bound (Terminiert)	Das Ziel muss terminiert sein. Der Zeitraum, in welchem das Ziel erreicht werden soll, wird festgelegt.

Dadurch erhalten die Geführten eine Richtung, können ihre Aufmerksamkeit darauf lenken und einen Plan entwickeln. Durch die Zielsetzung können sie abschätzen, wie viel Anstrengung notwendig ist und sind motiviert, mehr Ausdauer und Willenskraft an den Tag zu legen.

Die gemeinsame Zielvereinbarung zieht eine sofortige Leistungsaktivierung nach sich und hat den Vorteil, dass die Mitarbeiter ein höheres Commitment hinsichtlich der Verfolgung und Erreichung des Ziels entfalten. Nach O'Neill und Conzemius (2005) sollten sich Ziele, wie in Tabelle 2 dargestellt, an der SMART-Regel orientieren und daher strategisch und spezifisch, messbar, anspruchsvoll, realistisch und zeitlich terminiert sein.

Auswirkungen

Nach Antonakis, Avolio und Sivasubrama (2003) kann in lebensbedrohlichen Situationen aktives Management by Exception für die Geführten förderlich sein. Das heißt, betrachtet man bestimmte Gegebenheiten, in denen eine gewisse Gefahr ausgeht, wie beispielsweise beim Militär, kann dieses Führungsverhalten durchaus sinnvoll sein, da in kritischen Umständen Unsicherheiten reduziert werden können. Während sich in anderen komplexen Aufgaben eine ständige Kontrolle eher negativ auf die Autonomie und Selbstbestimmung und somit auch auf die Arbeitszufriedenheit, Innovationsfähigkeit und die Kreativität der Mitarbeiter auswirkt (Howell & Avolio, 1993). Auch wirkt sich aktives Management by Exception negativ aus bzw. wird ineffektiv, wenn es zu häufig eingesetzt wird, da sich dann die Aufmerksamkeit der Führungskraft auf die vermeidenden oder strafenden Komponenten konzentriert und die Geführten auch hier nicht entwickelt werden. Die Effizienz kann in einer Organisation erhöht werden, wenn die Kontrolle von Fehlern nicht zu häufig passiert. Mitarbeiter sehen es positiv, auf Fehler hingewiesen zu werden, bevor sie auftreten, jedoch besteht auch die Gefahr, dass der Wille sinkt, selbst die Verantwortung für ihre Handlungsergebnisse zu tragen (Furtner & Baldegger, 2013).

Bei Contingent Reward schildert die Führungskraft einen Weg, auf welche bestmöglichste Art und Weise die Leistungserwartungen erreicht werden können. Um die Mitarbeiter zu höheren Leistungen zu motivieren, brauchen sie eine aktive Unterstützung durch die Führungskraft. Überdies wird der Fortschritt der Mitarbeiter beobachtet und diese erhalten Rückmeldungen bezüglich ihres Leistungsfortschrittes. Wichtig ist hier die Unterstützung durch die Führungskraft. Sowohl positives als auch konstruktives Feedback motivieren die Geführten und steigern ihr Leistungsverhalten. Bei zu häufiger Kontrolle besteht die Gefahr, dass die Autonomie und Selbstbestimmung der Geführten leidet. Zuletzt stellt die Belohnung der Geführten bei erfolgreicher Zielerreichung ein Schlüsselkriterium von Contingent Reward dar. Aufgrund dieser extrinsischen Belohnung können sie ihren persönlichen Wert einordnen und werden für weitere Leistungen bestärkt. Die Belohnung sollte deshalb auf ihre individuellen Bedürfnisse abgestimmt sein.

Jedoch besteht hier die Gefahr, dass die intrinsische Motivation darunter leidet. Da Menschen dazu tendieren, weniger Interesse an einer Aufgabe zu zeigen, nach Abschluss der Belohnung, als Personen, die von vornherein keine Belohnung für diese Arbeit erhalten. Oftmals werden externe Belohnungen auch als kontrollierend empfunden, was darauf zurückzuführen ist, dass sie meistens eingesetzt werden, um Personen dazu zu bringen etwas zu machen, was sie sonst nicht freiwillig machen würden (Deci & Ryan, 1987). Außerdem reduziert sich bei den Mitarbeitern sehr stark ihre Leistung, Motivation und Zufriedenheit, falls die vereinbarten Belohnungen nicht eingehalten werden können. Die Belohnungen müssen gerecht sein und hinsichtlich ihrer Quantität und Qualität gesteigert werden, um die Motivation und Leistungsverhalten der Geführten nicht zu verringern (Furtner & Baldegger, 2013).

Contingent Reward ist sehr klar und leistungsbezogen und stellt ein wirksames und effektives Führungsverhalten dar. Es steht wie bereits erwähnt in positiven Zusammenhang mit transformationaler Führung und korreliert negativ mit Laissez-faire-Führung (Judge & Piccolo, 2004). Laut O`Shea, Foti, Hauenstein und Bycio (2009) kann diese Form von Führungsverhalten die Effektivität der transformationalen Führung darüber hinaus noch steigern. Die transaktionale Führung ist sinnvoll, in Situationen, wie es typisch sein kann für Verkaufssituationen, in denen der Umsatz gerade gering ist, die Mitarbeiter extrinsische Belohnungen wollen und die Führungsperson über eine gewisse Kontrolle verfügt (Sims, Faraj & Yun, 2009). Es bietet sich besonders in Situationen an, in denen die Aufgabenumwelt äußerst strukturiert ist, eine geringe Dringlichkeit und Risiko vorhanden ist und das Entwicklungspotential der Geführten niedrig ist (Houghton & Yoho, 2005).

Nach Podsakoff, Bommer, Podsakoff und MacKenzie (2006) liegen die Nachteile in der niedrigen emotionalen Beteiligung, der reduzierten Innovationsfähigkeit und der mittelmäßigen Motivation, die überdies von den externen Belohnungen abhängt.

2.4 Transformationale Führung

Bereits der antike griechische Politiker und Feldherr Xenophon motivierte seine Soldaten durch inspirierende Worte und Symbole und vermittelte ihnen durch die Formulierung hoher Ideale und Ziele einen Sinn und Zweck für ihr Handeln. Er förderte somit das gemeinschaftliche Denken und verringerte ferner ihre individuellen Selbstinteressen. Infolgedessen stellte er bereits damals eine klassische transformationale Führungskraft dar. Sie handeln aus tief verwurzelten Wertsystemen heraus, die Gerechtigkeit und Aufrichtigkeit beinhalten (Howland, 2000; Humphreys & Einstein, 2003). Menschen wollen sich mit transformationalen Führungspersonen identifizieren, sie engagieren sich unter ihnen mehr und sind auch zufriedener mit ihrer Arbeit (Avolio, 2011). Heutzutage sind Organisationen durch die Globalisierung und unterschiedlichen Krisen immer mehr mit dynamischen und unsicheren Umwelten konfrontiert, wodurch die transformationale Führung immer wichtiger wird (Furtner & Baldegger, 2013).

Das transformationale Führungsverhalten beinhaltet nach Northouse (2010), wie der Name bereits ausdrückt, einen Prozess, der Menschen verändert und transformiert. Es befasst sich mit Emotionen, Werten, Normen, langfristigen Zielen und der Moral. Außerdem beurteilt es die Motive der Geführten, geht auf ihre Bedürfnisse ein und behandelt sie als vollwertige Menschen. Dieses Führungsverhalten schafft eine Verbindung zwischen Führungsperson und Geführten, welche Moral und Motivation in beiden erhöht. Ein Beispiel wäre ein Manager, der die Wertorientierungen seines Unternehmens verändern will, um einen besseren Standard von Fairness und Gerechtigkeit zu erlangen.

James McGregor Burns (1978) beschrieb als erster den Unterschied von der transaktionalen zur transformationalen Führung. Er beobachtete bei Politkern häufig einen transaktionalen Austauschprozess, indem sie Versprechungen geben und im Gegenzug die Stimmen der Wähler erwarten. Ein einflussreicheres Führungsverhalten jedoch erkannte er bei Mahatma Gandhi, der von starken Visionen und hohen Idealen wie Freiheit, Unabhängigkeit, Gerechtigkeit und Selbstlosigkeit getrieben wurde und überdies über ein sozialisiertes Machtmotiv verfügte. Somit fungierte er als perfektes Rollenmodell. Er weckte Hoffnungen und Ansprüche von millionen Indern und entwickelte in diesem Prozess gleichzeitig sein Leben und seine Persönlichkeit weiter. Infolge der starken Identifizierung mit der Führungsperson stellt das transformationale Führungsverhalten eine sehr mächtige Führung dar. Transformationales Führungsverhalten bedeutet für ihn, dass Führungsperson und Geführte, ihre Moralvorstellung und Motivation bzw. Leistungsbereitschaft gegenseitig steigern. Andere transformationale Führungspersönlichkeiten verkörpern John F. Kennedy, Nelson Mandela oder ehemaliger CEO von General Electric Jack Welch (Díaz-Saénz, 2011).

Wichtig ist, dass die Macht nicht zu egoistischen Selbstzwecken missbraucht wird, wie es bei der pseudo-transformationalen Führung der Fall ist (Bass, 1990). Beispiele für eine pseudo-transformationale Führungskraft sind Muammar al-Gaddafi, Saddam Hussein oder Adolf Hitler, welche brutale Machtausüber waren und diese, ähnlich wie beim personalisierten Machtmotiv, nur zu ihren eigenen persönlichen egoistischen Interessen nutzten. Diese Führungspersonen veränderten die Menschen zwar auch, allerdings in einer negativen Art (Northouse, 2010). Die pseudo-transformationale Führung erweckt vielleicht den Eindruck, dass sie die richtigen Dinge ausführen will, wird jedoch daran scheitern, wenn diese mit ihren eigenen narzisstischen Zielen im Konflikt stehen (Bass & Steidlmeier, 1999). Sie versucht nicht ihre Geführten zu transformieren und zu entwickeln, weder verfolgt sie höhere Ideale oder Werte (Burns, 1978).

In der Führungsforschung stellt die transformationale Führung das am häufigsten untersuchte Konstrukt dar (Díaz-Saénz, 2011; Northouse, 2010). Sie wird dem New Leadership Paradigma zugeordnet, welches mehr die charismatischen, visionären und emotionalen Aspekte in den Vordergrund stellt (Bryman, 1992). Auch Díaz-Saénz (2011) geht davon aus, dass die transformationale Führungskraft die Leistung einer Gruppe oder Organisation durch die starke emotionale Bindung mit ihren Geführten und dem gemeinsamen Commitment zu einem höheren moralischen Grundsatz über die Erwartungen hinaus steigern kann. Die transformationale Führung wird als ideale und idealisierte Form von Führung betrachtet, steht mit emotionaler Beeinflussung und charismatischer Führung in Verbindung und konzentriert sich auf die Entwicklung der Geführten und deren intrinsischen Motivation (Bass & Riggio, 2006). Charisma wird oft in Bezug gesetzt mit heroischer und übermenschlicher Führung (Furtner & Baldegger, 2013). Charisma ist eine von vier notwendigen Komponenten der transformationalen Führung, reicht jedoch alleine nicht aus (Bass, 1985; Bass & Avolio, 1993).

<u>Zentrale Merkmale</u>

Ein typisches Merkmal für eine transformationale Führungskraft sind die Formulierung einer plastischen Vision und sehr idealisierte Ziele. Durch ihr Charisma und die starke emotionale Beeinflussung werden die Geführten inspiriert und transformiert (Burns, 1978). Im Gegensatz zur transaktionalen Führung zielt die Aufmerksamkeit darauf ab, was die Geführten für das Unternehmen leisten können und unterstreicht die Vorteile für die Gruppe und Organisation. Sie geht weg von den egoistischen Selbstinteressen der Geführten, die durch den transaktionalen Austauschprozess gefördert werden (Bass, 1999). Lowe, Kroeck und Sivasubramaniam (1996) konnten nachweisen, dass die transformationale Führung effektiver ist. Ein möglicher Grund wäre, dass Mitarbeiter hier die Möglichkeit zu außerordentlichen Leistungen haben. Das heißt, sie können etwas leisten, was über die getroffenen Erwartungen hinausgeht. Wie bereits erwähnt soll eine Führungskraft aber nicht ausschließlich ein Führungsverhalten anwenden, sondern die transformationale Führung mit dem aktivsten Element der transaktionalen Führung (Contingent Reward) kombinieren. Führungspersonen, die transaktionales und transformationales Führungsverhalten bezogen auf die Situation, Zeit und Herausforderung anwenden können, sind am effektivsten (Avolio, 2011). Wie in Abbildung 6 zu sehen, zeigt sich ein additiver Effekt der beiden Führungsverhalten, der über die üblichen Leistungserwartungen hinausgeht (Bass & Avolio, 1990).

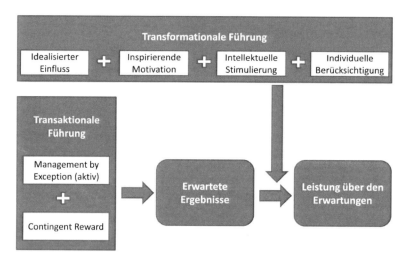

Abbildung 6: Additive Effekt der transformationalen Führung (Bass & Avolio, 1990, S. 231)

Die vier wesentlichen Verhaltensweisen aus Abbildung 6 lassen sich bei einer transformationalen Führungskraft unterscheiden. Sie fokussieren sich auf die kognitive, emotionale und verhaltensbezogene Beeinflussung der Geführten (Bass & Avolio, 1993; Bass, 1999).

Idealisierter Einfluss

Führungskräfte mit idealisiertem Einfluss werden von ihren Geführten bewundert, respektiert und fungieren als positives Rollenmodell, mit denen sich die Geführten identifizieren wollen. Sie beeinflussen mittels ihres Charismas die persönliche Entwicklung ihrer Geführten (Avolio, 2011; Díaz-Saénz, 2011; Northouse, 2010). Nach Sosik und Jung (2010) können das Charisma bzw. der idealisierte Einfluss durch die Vermittlung der wichtigsten Werte und Überzeugungen, gegenseitiges Vertrauen, hohes Zielbewusstsein, moralisch-ethischen Konsequenzen von Entscheidungen und die Bedeutung von Teamarbeit und der daraus resultierenden positiven Folgen gefördert werden. Sie sollen bei ihren Geführten Stolz bewirken, ihre eigenen Interessen zurückstellen und ein sozialisiertes Machtbewusstsein aufweisen. Zudem sollen sie sich so verhalten, dass sie von anderen respektiert werden und Zuversicht ausstrahlen, dass Hindernisse überwunden werden können. Die Ausstrahlung einer Führungskraft ist weniger angeboren, sondern entsteht durch die Wahrnehmung der Geführten und kann durch hohe Ideale und Überzeugungen gesteigert werden. Die Führungskraft ist in der Lage, die Geführten zu beeinflussen, indem sie starke Emotionen hervorruft, authentisches Verhalten zeigt und ihnen Sinn und Zweck vermittelt. Die daraus resultierende Identifikation der Geführten mit ihrer Führungskraft reduziert den Widerstand gegen Veränderungen und fördert das Vertrauen. Die emotionale Anregung erzeugt ein Gefühl der Freude auf bevorstehende Aufgaben (Conger & Kanungo, 1998). Gandhi achtete stets darauf, dass sich seine Worte und Taten mit seinen Gedanken gleichten, und er gilt als charakteristisch für die authentische Führung. Glaubwürdigkeit und Authentizität spielen eine wichtige Rolle für eine transformationale Führungsperson mit hohem idealisierten Einfluss und Charisma (Sosik & Jung, 2010).

Inspirierende Motivation

Der zweite Faktor ist die inspirierende Motivation. Er spornt die Führungskraft dazu an, eine plastische Vision, das heißt, ein optimistisches, enthusiastisches, herausforderndes und erreichbares Bild von der Zukunft zu formulieren. Den Geführten wird vermittelt, was sie zur

Zielerreichung beitragen können und sofern sie von der Vision inspiriert sind, zeigen sie höhere Anstrengungsbereitschaft und Mehrleistungen (Díaz-Saénz, 2011). Die Geführten werden inspiriert durch die Motivation, ein Teil der Vision in der Organisation zu werden (Northouse, 2010). Inspirierende Führungskräfte wie Steve Jobs benutzen eine bestimmte Rhetorik und dynamische Metaphern. Außerdem werden immer wieder Rituale und Zeremonien durchgeführt mit Preisen zur Anerkennung von außerordentlichen Leistungen, um unter anderem zu zeigen, dass bereits wichtige Etappen zur Verwirklichung der Vision erreicht wurden (Furtner & Baldegger, 2013). Mit Verhaltensweisen wie einer ganz bestimmten Sprache innerhalb einer Organisation, eines bestimmten Humors, Erzählungen von Geschichten, Legenden, Ritualen und Feiern kann die inspirierende Motivation die Organisationskultur direkt beeinflussen (Sackmann, 2002). Nach Sosik und Jung (2010) muss eine transformationale Führungskraft, um zu inspirieren, positiv über die Zukunft reden, zuversichtlich der Ziele gegenüber sein, selbst begeistert sein Aufgaben zu bewältigen und eine fesselnde Zukunftsvision formulieren, welche die Vergangenheit und die Gegenwart mit einbezieht. Die Vergangenheit aus dem Grund, da sie den Ursprung der Traditionen und der Kultur beschreibt und die Geführten identifizieren sich folglich als einen Teil dieser. Um eine positive Vision zu formulieren, ist eine herausfordernde Gegenwart vorausgesetzt, da die Zukunftsvision von Wachstum und Verbesserung handelt. Der Einbezug der Gegenwart fördert außerdem die intrinsische Motivation. Auch die bildliche Sprache ist hierbei wichtig, um die Emotionen der Geführten anzuregen. Beispielsweise sprach Martin Luther King nicht von einer Idee, sondern von einem Traum, welcher stärker emotional gefärbt ist. Die Formulierung einer plastischen Vision ist charakteristisch für die transformationale Führung und unterscheidet sie von anderen Führungsverhaltensweisen.

Intellektuelle Stimulierung

Die intellektuelle Stimulierung entspricht der rationalen Ebene und dient neuen Ideen und Perspektiven, um die Geführten zum Überdenken von konventionellen Wegen anzuregen. (Bass & Avolio, 1993). Innovatives, kreatives und kritisches Denken sollen gefördert und Problemlösefähigkeiten entwickelt werden (Northouse, 2010). Außerdem schließt die intellektuelle Stimulierung rationales Denken und die Freiheit mit ein, Fehler machen zu dürfen, um aus ihnen zu lernen und alte Annahmen zu überprüfen, ob diese immer noch gültig sind (Díaz-Saénz, 2011). Die intrinsische Motivation, Selbstbestimmung und Autonomie der Geführten werden positiv beeinflusst (Furtner & Baldegger, 2013). Nach Sosik und Jung (2010) existieren sechs Merkmale, die die intellektuelle Stimulierung steigern. Demnach sollte eine transformationale Führungskraft ihre Annahmen überdenken, ob diese wirklich geeignet sind und nach verschiedenen Perspektiven suchen, um Probleme anzugehen. Ferner sollte sie andere anregen Probleme aus verschiedenen Blickwinkeln zu betrachten und neue Wege bieten, um Aufträge erfolgreich zu vollenden. Sie sollte ermutigen zum Überdenken von alten Ideen und auch zu unkonventionellem Denken anregen, um bestehende Probleme zu lösen.

Individuelle Berücksichtigung

Der vierte Faktor, die individuelle Berücksichtigung, ist repräsentativ für Führungspersonen, die ein förderndes Arbeitsklima herstellen, bei dem sie auf die individuellen Bedürfnisse der Geführten eingehen (Northouse, 2010). Fähigkeiten und Probleme der Einzelnen werden mit einbezogen. Die Führungskraft trainiert und führt die Mitarbeiter und hilft ihre Stärken zu entwickeln (Díaz-Saénz, 2011). Hierzu muss die Führungskraft über eine hohe Empathiefähigkeit und emotionale Intelligenz verfügen (Furtner, 2010, 2012). Nach Sosik und Jung (2010) beschreiben sechs Verhaltensweisen die individuelle Berücksichtigung. Die Führungskraft erkennt die verschiedenen Bedürfnisse, Fähigkeiten und Wünsche jedes Individuums und nimmt kritische Unterschiede zwischen den einzelnen wahr. Die transformationale Führungskraft achtet auf die Anliegen ihrer Geführten und hört aktiv zu, um ihre Empathie zu fördern. Des Weiteren unterstützt sie ihre Stärken und verbringt viel Zeit mit ihren Geführten, um sie anzuleiten, zu unterstützen und ihr Wissen mit ihnen zu teilen. Zudem fördert sie die Selbstentwicklung und fordert die Geführten auf, sich gegenseitig Feedback zu geben.

Letztendlich sollen die Geführten so geführt werden, dass sie sich selbst führen können und lernen später auch transformationale Führungskräfte zu sein (Furtner, 2010; Furtner, Baldegger & Rauthmann, 2013; Manz & Sims, 1991).

<u>Auswirkungen</u>

Nach Bass und Steidlmeier (1999) verfügen transformationale Führungspersonen über ein hohes sozialisiertes Machtmotiv, wollen ihre Geführten entwickeln und transformieren und haben den Nutzen für ihre Organisation im Blick. Folglich wirkt sich dies bei den Mitarbeitern positiv auf ihre Arbeitsleistung, Zufriedenheit, Commitment, Kreativität und Innovationsfähigkeit aus (Furtner & Baldegger, 2013).

Die transformationale Führung beeinflusst die Aufgabenleistung und die Selbstwirksamkeitserwartung positiv und steht mit geringeren negativen Emotionen in Verbindung (Lyons & Schneider, 2009). Nach Jung (2001) fördert eine transformationale Führungskraft bei den Geführten kreatives und divergentes Denken. Außerdem wirkt sie sich positiv auf das Wohlbefinden der Mitarbeiter aus, da ihnen vermittelt wird, wie wichtig und bedeutungsvoll ihre Arbeit in der Organisation ist (Arnold, Turner, Barling, Kelloway & McKee, 2007).

Nach Sims, Faraj und Yun (2009) ist die transformationale Führung angebracht in Krisen oder in Situationen, in denen die Mitarbeiter Höchstleistungen erbringen sollen. Wie bereits erwähnt bewirkt es ein starkes Commitment und Begeisterung hinsichtlich bestimmter Aufgaben und Ziele. Die Kreativität und Innovationsfähigkeit wird mittelmäßig angeregt. Ein großer Nachteil ist, dass bei Abwesenheit der Führungskraft die Motivation der Mitarbeiter stark einbrechen kann, da die Mitarbeiter bei dieser Führung stark abhängig sind von ihrer Führungskraft (Houghton & Yoho, 2005). Zudem ist es möglich, dass die Führungskraft ein personalisiertes Machtmotiv hegt und deshalb ihre persönlichen Bedürfnisse über die der Organisation stellt (Bass, Avolio, Jung & Berson, 2003; Furtner, 2010).

Laut Bass (1985) handelt es sich bei der transaktionalen und transformationalen Führung um zwei verschiedene Konzepte und eine Führungsperson wendet idealerweise auch beide Führungsverhalten an. Das heißt, eine Kombination aus beiden Führungsverhalten, abhängig von der jeweiligen Situation, ist die effektivste Art von Führung (Avolio, Bass & Jung, 1999; Bass, 1998). Da in stabilen Umwelten kein sofortiges Interesse nach Veränderung besteht, ist die transaktionale Führungskraft effektiver. Hier braucht es keine visionäre transformationale Führung. Allerdings wirken sich Visionen und die emotional beeinflussende Komponente der transformationalen Führung positiv auf eine unsichere Umwelt aus (Daft & Lengel, 1998). Nach Houghton und Yoho (2005) ist die transformationale Führung sinnvoll, wenn die Dringlichkeit der Aufgabe hoch ist, ein hohes Risiko besteht, die Umwelt unstrukturiert ist und das Potential die Mitarbeiter zu entwickeln hoch ist.

2.5 Empowering Leadership

In den 1990er entstand das Konzept zu Superleadership. Der Begriff wird synonym mit Empowering Leadership verwendet (Manz & Sims, 1991). Es gibt nur wenige empirische Untersuchungen bis jetzt, da das Konstrukt noch recht jung ist (Elloy, 2005). Pearce et al. (2003) belegten, dass Empowering Leadership ein eigenes Konstrukt ist, welches sich klar von der transformationalen, transaktionalen und der direktiven Führung unterscheidet.

Moderne Organisationen konkurrieren ständig mit globalen Märkten, stehen immer wieder neuen Herausforderungen und ansteigendem Druck gegenüber. Somit müssen die Ressourcen der Mitarbeiter effektiv genutzt werden. Diese wiederum streben nach höherer Selbstbestimmung und einer sinnhaften Tätigkeit.

<u>Zentrale Merkmale</u>

Empowering Leadership konzentriert sich verstärkt auf die Entwicklung der Mitarbeiter und auf die Ausschöpfung deren Fähigkeiten und weniger auf die Führungskraft an sich. Man geht hier davon aus, dass die Geführten auch recht unabhängig von der Führungsperson sehr gute Leistungen erbringen können (Manz & Sims, 1991).

Manz und Sims (1991) beschreiben sieben Stufen, um ein sogenannter „SuperLeader" zu werden. Bevor man lernt andere zu führen, ist es wichtig zunächst zu wissen, wie man sich selbst effektiv führt und muss seine eigenen Self-Leadership-Fähigkeiten entwickeln. Das bedeutet, man muss sich selbst beeinflussen können, um motiviert und zielstrebig zu handeln. Im nächsten Schritt werden diese Fähigkeiten an die Mitarbeiter weitervermittelt und die Führungskraft fungiert als positives Rollenmodell. Weiter sollte die Führungsperson andere dazu anzuspornen und helfen sich selbst spezifische herausfordernde Ziele zu setzen. Außerdem ist es wichtig, dass die Führungskraft positive und konstruktive Denkmuster ausstrahlt und das Selbstvertrauen in den Geführten steigert. Eine wichtige Strategie, um Geführte zu effektiven Self-Leadern zu entwickeln, beinhaltet konstruktive Rückmeldungen, natürliche Belohnungen mit einzubauen in ihre Arbeit und ihnen auch beizubringen, wie sie sich selbst belohnen können. Im 6. Schritt wird Self-Leadership weiter durch teamorientiertes Arbeiten gefördert. Und zuletzt soll eine Self-Leadership Kultur im gesamten Unternehmen entstehen.

Folglich liegt bei Empowering Leadership der Fokus auf den Geführten, die Self-Leader werden sollen. Eine ideale Führungskraft verfügt somit selbst über sehr gute Self-Leadership-Fähigkeiten und beeinflusst ihre Geführten so, dass diese lernen, sich selbst zu führen. Das Ziel besteht darin, ihre Selbstbestimmung, Effektivität und Leistung zu verbessern und sie zu selbstbestimmten und autonomen Handlungen zu motivieren (Liu, Lepak, Takeuchi & Sims, 2003). Der daraus resultierende größere Freiraum, die höhere Selbstbestimmung und Autonomie und die verstärkte Selbstgerichtetheit soll bei den Mitarbeitern einhergehen mit einer höheren Arbeitsleistung und Arbeitszufriedenheit. Self-Leadership stellt eine effektive Selbstbeeinflussung dar, bei welcher man sich fortlaufend Ziele setzt, sich selbst motiviert, kontrolliert, den Zielfortschritt beobachtet und sich anschließend zur persönlichen Verstärkung belohnt. Die eigenen Gedanken sind hierbei positiv ausgerichtet, der Sinn und Zweck einer Tätigkeit ist klar und es besteht eine intrinsische Motivation (Furtner & Baldegger, 2013).

Bei dieser Art der Führung steht ein hoch sozialisiertes und altruistisches Machtmotiv im Mittelpunkt und die Macht verteilt sich gleichmäßig über die gesamte Organisation. Empowerment bedeutet, dass sich die Führungskraft die Macht geradewegs mit ihren Geführten teilt (Vecchio, Justin & Pearce, 2010). Empowering Leadership ist nach Sims, Faraj und Yun (2009) bei Personen effektiv, sofern diese über eine hohe Eigeninitiative, gute intrinsische Motivation und bereits grundlegende Fähigkeiten besitzen. Beispielsweise präferieren Oberärzte, wie bereits bei der direktiven Führung erwähnt, diese Form von Führung, falls die Assistenzärzte bereits über mehr Erfahrung verfügen oder auch bei weniger schlimmen Verletzungen der Patienten.

<u>Auswirkungen</u>

Sind die Grundvoraussetzungen gegeben, wirkt sich Empowering Leadership, verglichen mit anderen Führungsverhalten, am stärksten positiv auf die Kreativität und Innovationsfähigkeit der Mitarbeiter aus. Zusätzlich bewirkt es bei ihnen ein hohes Commitment, starke Unabhängigkeit und eine höhere Zufriedenheit mit ihrer Arbeit (Houghton & Yoho, 2005). Überdies wird ihr Selbstwertgefühl durch die höhere Autonomie und Mitbestimmung ihrer Rolle, die sie in der Organisation inne haben, gesteigert (Elloy, 2005). Zudem weisen die Geführten unter dieser Führung eine große Zuversicht, sehr hohe Leistungsbereitschaft und eine gewaltige Entwicklungsfähigkeit auf. Dieses Führungsverhalten ist auch wirksam, falls die Führungskraft abwesend bzw. nicht direkt präsent ist, was einen riesen Vorteil darstellt (Manz & Sims, 1987; Srivastava, Bartol & Locke, 2006). Es wurde in empirischen Studien nachgewiesen, dass die transformationale Führung positiv im Zusammenhang steht mit der Effektivität und der Zufriedenheit der Führungsperson. Wohingegen Empowering Leadership positiv das Self-Leadership der Geführten beeinflusst (Houghton & Yoho, 2005; Manz & Sims, 1991).

Empowering Leadership wirkt sich, wie in Tabelle 3 zu sehen ist, positiv auf die gesamte Organisation aus, hinsichtlich einer höheren Leistung, Effektivität und Zufriedenheit auf allen Ebenen. Außerdem sorgen der große Freiraum bei den Mitarbeitern und deren hohe intrinsische Motivation für ein höheres organisationales Commitment, geringere Fluktuation und weniger Fehlzeiten. Jedoch muss vorausgesetzt sein, dass zuerst die Self-Leadership-Fähigkeiten der Geführten entwickelt wurden, denn nur dann kommen diese mit dem großen Handlungsspielraum zurecht. Somit muss zwar kurzfristig bei dieser Form von Führung mehr investiert werden, aber auf längere Zeit gesehen bietet es der Organisation eine höhere Innovationsfähigkeit und Effektivität. Dadurch wird das Wachstumspotential und die Überlebensfähigkeit des Unternehmens gewährleistet (Furtner & Baldegger, 2013).

Tabelle 3: Positive Auswirkungen von Empowering Leadership (Furtner & Baldegger, 2013, S. 214)

Individuum	Team	Organisation
höhere individuelle Leistung	höhere Teamleistung	höheres organisationales Commitment
höhere Arbeitszufriedenheit	stärkere Wissensteilung	höheres organisationales Selbstwertgefühl
höheres psychologisches Empowerment	höhere Selbstwirksamkeit	höheres affektives Commitment zur Org.
höhere Selbstwirksamkeit	höhere Innovationskraft, Kreativität & Effektivität	höhere organisationale Innovation
höhere intrinsische Motivation & Kreativität	pos. Effekte auf Kommunikation, Fairness, Vertrauen&Unterstützung	höhere organisationale Effektivität

Nach Houghton und Yoho (2005) ist Empowering Leadership besonders sinnvoll in einer unstrukturierten Umwelt, wenn das Entwicklungspotential der Geführten hoch ist und eine niedrige Dringlichkeit hinsichtlich der Fertigstellung der Aufgabe und gleichzeitig auch ein geringes Risiko besteht.

3. Zusammenhänge - Führungsverhalten & Motive

Eine moderne, flexible und erfolgreiche Führungskraft variiert ihr Führungsverhalten und passt es an verschiedene Situationen und bei bestimmten Personen an. Folglich kann sie sowohl transformationales als auch transaktionales Führungsverhalten zeigen und auch direktiv und autoritär oder partizipativ und demokratisch sein. Beispielsweise ist Nelson Mandela transformational und direktiv zugleich, wenn er verkündet „vergesst die Vergangenheit" (Bass, 1999). Selbst wenn eine Führungspersönlichkeit eigentlich Empowering Leadership bevorzugt, kann es durchaus sein, dass in einem bestimmten Kontext, beispielsweise in dringlichen Situationen und geringen Commtiment, das direktive Führungsverhalten kurzfristig effektiver und sinnvoller ist (Sims, Faraj & Yun, 2009).

Tabelle 4: Arten des Führungsverhalten (Manz & Sims, 1991, S.22)

	Direktiv	Transaktional	Transformational	Empowering
Schwerpunkt	Befehle	Belohnungen	Visionen, Idealismus	Self-Leadership
Art der Macht	Position, Autorität	Belohnungen	Beziehungsbezogen, inspirierend	geteilt
Wissensquelle und Ausrichtung	Führungskraft	Führungskraft	Führungskraft	Überwiegend Geführte (Self-Leader) und Führungskraft
Reaktion der Geführten	angstbesetzte Befolgung	kalkulierende Befolgung	Visionsbezogenes emotionales Commitment	Autonomiebezogenes Commitment
Typisches Führungs-verhalten	Anweisungen, Befehle, vorgegebene Ziele, einschüchtern, Maßregelung, Bestrafung	gemeinsame Zielsetzung, Leistungsbezogene Belohnung und Bestrafung	Vermittlung der Vision, Betonung der Ideale und Werte, inspirierende Überzeugung	effektive Self-Leadership Fähigkeiten entwickeln, Führungskraft als Vorbild, Förderung einer Self-Leadership-Kultur

Eine Ausnahme stellt jedoch das Laissez-faire Führungsverhalten und Management by Exception passiv dar, welche negative Auswirkungen auf die Geführten zeigen und ineffektiv sind. Das heißt die verschiedenen Führungsverhalten sollten als sich gegenseitig ergänzend betrachtet werden und eine ideale Führungskraft konzentriert sich nicht allein auf ein Führungsverhalten, sondern nutzt die verschiedene Führungsverhalten wie in Tabelle 4 dargestellt (Pearce et al., 2003). Nach Furtner und Baldegger (2013) verfügt demnach die ideale Führungskraft über eine Vielfalt von Führungsverhalten, ein bestimmtes Maß an Wissen und gute schauspielerische Fähigkeiten. Obwohl die Führungsperson immer wieder neue Rollen verkörpert, bleibt sie dennoch authentisch.

Wie auch bei der transformationalen über die transaktionale Führung hinweg, weist Empowering Leadership positive additive Effekte über die transformationale Führung hinaus auf. Die transformationale Führung und Empowering Leadership legen ihren Fokus auf ein sozialisiertes Machtmotiv. Wohingegen Empowering Leadership ein noch stärkeres sozialisiertes Machtmotiv aufweist, da die Führungskraft hier als Rollenmodell und Vorbild fungiert und ihre Macht mit den Geführten teilt. Eine Führungsperson mit einem sozialisierten Machtmotiv besitzt die nötige Selbstkontrolle, um die Machtimpulse entsprechend zu hemmen und zu kontrollieren (Manz & Sims, 1991; Schultheiss & Brunnstein, 2002).

Je höher dieses ausgeprägt ist, umso höher ist auch die Machtwirkung. Dies wird auch evolutionspsychologisch bestätigt, da Menschen, die egoistische Ziele verfolgen, mittel- bis langfristig keine Akzeptanz und Unterstützung von der sozialen Gruppe finden und hinsichtlich ihrer Machtwirkung schnell an ihre Grenzen gelangen. Eine Führungsperson mit einem ungehemmten Machtmotiv verhält sich für McClelland (1985) wie ein Eroberer.

Höchste Anerkennung und Wertschätzung erfahren Führungspersonen nur dann, wenn sie sozialisierte und uneigennützige Tendenzen haben und höhere Ideale verfolgen. Somit führt die Hemmung des Machtmotivs zu einer selbstlosen Führung. Des Weiteren wollen sie ihren Geführten Gutes tun, sie transformieren und entwickeln und diese fühlen sich dadurch wiederum besser und stärker (Furtner & Baldegger, 2013).

Die drei anfangs beschriebenen Basismotive bestimmen die grundsätzliche Richtung von Handlungen. Dem Machtmotiv liegt das Bedürfnis zu Grunde, andere zu führen, zu motivieren und zu beeinflussen. Dies ist vor allem in der Wachstumsphase eines Unternehmens von Bedeutung. Das Leistungsmotiv hingegen ist ausschlaggebend in der Gründungsphase (Mitchell, 2004). Eine hoch leistungsmotivierte Person kann mit einer fleißigen „Arbeitsbiene" verglichen werden und dem hoch Anschlussmotivierten ist Harmonie und Freundschaft am wichtigsten. Somit stellt beispielsweise für eine Führungsperson ein geringes Machtmotiv, geringes Leistungsmotiv und ein hohes Anschlussmotiv eine ungünstige Motivkonstellation dar und wird eher ein Laissez-faire Führungsverhalten zeigen. Um als Führungsperson auch als positives Vorbild und Rollenmodell zu wirken, sollte sie über ein zumindest mittleres Leistungsmotiv verfügen. Ist es zu gering ausgeprägt, wird sie nicht als positives Vorbild wahrgenommen und es könnte sich negativ auf die Akzeptanz und die Leistung der Geführten auswirken.

Für McClelland (1975) weist eine effektive Führungskraft ein hohes kontrolliertes Machtmotiv, ein mittleres bis hohes Leistungsmotiv und ein geringes Anschlussmotiv auf. Er benennt dies als Leadership Motive Pattern (Führungsmotiv-Muster). Das heißt, Personen, die sich nicht so viele Gedanken machen, ob andere sie mögen, zudem eine hohe Selbstkontrolle bezüglich ihres Machtmotivs aufweisen und andere Menschen beeinflussen können, sind als Führungspersonen erfolgreicher (McClelland & Boyatzis, 1982).

Schlussendlich können das sozialisierte Machtmotiv, das Leistungsmotiv und auch das Anschlussmotiv in Trainings entwickelt und gefördert werden (McClelland, 1961, 1975).

B) Empirische Untersuchung

4. Fragestellungen und Hypothesen

In der vorliegenden experimentellen Studie wird die Wirksamkeit zweier Trainingsinterventionen („Full-Range-Leadership-Training" und „Superleadership-Training") hinsichtlich der Motive und des Führungsverhaltens zu zwei unterschiedlichen Messzeitpunkten überprüft. Die Trainings nehmen hier Einfluss auf die beiden abhängigen Variablen „Motive" und „Führungsverhalten".

Laut McClelland (1961, 1975) können das sozialisierte Machtmotiv, das Leistungsmotiv und auch das Anschlussmotiv in Trainings entwickelt und gefördert werden. Die Trainingsinterventionen in dieser Studie („Full-Range-Leadership-Training" und „Superleadership-Training") beziehen sich jedoch auf die Entwicklung von Führungsverhalten. Da eine effektive Führungskraft allerdings mit einem hohen kontrollierten Machtmotiv in Verbindung steht (McClelland, 1975), stellt sich die Frage, ob sich durch diese Trainingsinterventionen auch die Machtmotiv-Ebene, besonders das sozialisierte Machtmotiv, der Teilnehmer verändern und entwickeln lässt?

Demnach wird die nachfolgende gerichtete Unterschiedshypothese formuliert.

Hypothese 1

> H1: Es wird erwartet, dass das sozialisierte Machtmotiv durch ein Leadership-Training gesteigert wird.

Der Fokus liegt in den Leadership-Trainings auf der Entwicklung eigener Fähigkeiten und der Transformation anderer (Bass & Avolio, 1999). Die transformationale Führung stellt zusammen mit der transaktionalen Führung den Kern des Full-Range-Leadership-Modells dar. Eine ideale Führungsperson weist sowohl transformationale als auch transaktionale Verhaltensweisen auf (Bass, 1985). Es stellt sich die Frage, ob sich durch das Full-Range-Leadership-Training ein Trainingseffekt bezüglich der transformationalen und der transaktionalen Führung erkennen lässt?

Im Superleadership-Training kommt neben der transformationalen und transaktionalen Führung noch Empowering Leadership hinzu. Demzufolge stellt sich weiter die Frage, ob sich durch das Superleadership-Training auch ein Anstieg von Empowering Leadership zeigt?

Entsprechend werden die zwei nachfolgenden gerichteten Unterschiedshypothesen formuliert.

Hypothese 2

H2: Es wird erwartet, dass ein Full-Range-Leadership-Training zur Steigerung der transformationalen und transaktionalen Führung führt.

Hypothese 3

H3: Es wird erwartet, dass ein Superleadership-Training zur Steigerung der transformationalen Führung, transaktionalen Führung und Empowering Leadership führt.

McClelland (1975) konnte bereits belegen, dass das Machtmotiv mit aktiven und effektiven Führungsverhalten in Verbindung steht. Das heißt, eine effektive Führungskraft verfügt über ein hohes kontrolliertes Machtmotiv (vgl. Leadership Motive Pattern). Für die vorliegende Studie stellt sich die Frage, ob ein signifikanter Zusammenhang zwischen dem Machtmotiv und den aktiven Dimensionen des Full-Range-Leadership -und Superleadership-Modells existiert?

Folgende Zusammenhangshypothese wird formuliert.

Hypothese 4

H4: Es wird ein signifikanter positiver Zusammenhang zwischen dem Machtmotiv und den aktiven Dimensionen von Führungsverhalten erwartet.

5. Methoden

5.1 Versuchsteilnehmer und -ablauf

Die Stichprobe setzt sich aus 72 Studenten zusammen, welche die sogenannten „Leader" darstellen. Hiervon sind 46 weiblichen und 26 männlichen Geschlechts. Das Alter liegt zwischen 19 und 34 Jahren, wovon der größte Teil (41,7%) ein Alter von 21 Jahren hat.

Tabelle 5: Demografische Angaben zur Stichprobe (Leader)

Demografische Daten der Leader	Personenzahl	Anteil in %
Geschlecht		
weiblich	46	63,9
männlich	26	36,1
Gruppe		
Kontroll-Gruppe	24	33,3
FullRange-Gruppe	22	30,6
SuperLeader-Gruppe	26	36,1
Alter in Jahren*		
19-21	46	63,9
22-24	23	32
>24	2	2,8
Berufserfahrung in Jahren*		
keine	16	22,2
0-1	27	37,5
1-3	16	22,2
3-5	8	11,1
>5	4	5,6
Führungserfahrung in Jahren*		
keine	47	65,3
0-1	16	22,2
1-3	6	8,3
3-5	1	1,4
>5	1	1,4

Anmerkungen. N = 72
*N = 71

Die Berufserfahrung reicht von keiner (22,2%) bis hin zu mehr als fünf Jahren (5,6%). Die Mehrheit der Probanden (65,3%) verfügen über keine Führungserfahrung, 30,5% haben bereits bis zu drei Jahren Führungserfahrung und 2,8% gaben an eine Führungserfahrung von über drei Jahren zu besitzen.

Die 72 Versuchspersonen wurden auf drei möglichst gleich große Gruppen, in eine Full-Range-Gruppe, Superleadership-Gruppe und eine Kontrollgruppe, aufgeteilt. Die Versuchsteilnehmer konnten sich selbst einer beliebigen Gruppe zuordnen. Bei den beiden Versuchsgruppen wurde jeweils zwischen den zwei Messzeitpunkten eine Trainingsintervention durchgeführt, wobei das Superleadership-Training ausführlicher ist als das der Full-Range-Gruppe.

Folglich befanden sich 33,3% in der Kontrollgruppe mit 19 weiblichen und 5 männlichen Studenten, 30,6% in der Full-Range-Gruppe mit 16 weiblichen und 6 männlichen Studenten und 36,1% in der Superleadership-Gruppe mit 11 weiblichen und 15 männlichen Probanden.

Des Weiteren nahmen an der Studie ca. 240 weitere Studenten teil, um als sogenannte „Follower" mit den „Führungskräften" zu interagieren. Auf diese Weise konnten jedem „Leader" drei „Mitarbeiter" zugeordnet werden, bei denen sie verschiedenes Führungsverhalten anwenden konnten.

5.2 Beschreibung der Trainingsinterventionen

Die Full-Range-Leadership-Gruppe nahm vor der experimentellen Untersuchung an einem Basis Workshop für das Full-Range-Leadership-Modell in Anlehnung an das Original von Bass und Avolio (1999) teil. Innerhalb von verschiedenen Modulen wird den Teilnehmern unter anderem das Full-Range-Leadership-Modell vorgestellt und ihr zuvor ausgefüllter Fragebogen (MLQ) zur Selbstbewertung ihres Führungsverhaltens besprochen und reflektiert. Anschließend werden die verschiedenen Führungsstrategien demonstriert und die Teilnehmer bekommen die Möglichkeit diese in verschiedenen Szenarien auszuprobieren. Abschließend werden mögliche Ursachen für Führungsblockaden aufgezeigt und geeignete Bewältigungsstrategien besprochen.

Die Superleadership-Gruppe erhielt vor der experimentellen Untersuchung einen noch umfangreicheren Basisworkshop für das Superleadership-/ Empowering Leadership-Modell, integriert mit Elementen des Full-Range-Leadership-Modells nach Bass und Avolio (1999) und mit Elementen des Self-Leadership Modells nach Sarah Horst (2010). Die Teilnehmer erhielten hier Informationen über Self-Leadership Strategien und ihnen wurde über das Full-Range-Leadership-Modell hinaus, auch das Superleadership-Modell erklärt. Außerdem wurden hier speziell auch die situativen Faktoren betont und die verschiedenen Entwicklungsphasen eines Superleaders besprochen. Ein weiterer Unterschied zur Full-Range-Gruppe besteht darin, dass neben dem MLQ auch die Empowering Leadership Scale (ELS) zur Messung von Empowering Leadership erläutert und reflektiert wird.

5.3 Durchführung

Zu Beginn der Untersuchung füllten die Probanden der Kontrollgruppe wie auch der beiden Experimentalgruppen jeweils einen Fragebogen zu ihren soziodemografischen Daten aus, mit Angaben zu ihrem Alter, Geschlecht, Berufs- und Führungserfahrung. Darüber hinaus erhielten sie einen Fragebogen zur Selbstbewertung, mit welchem unter anderem ihr Führungsverhalten, wie sie es wahrnehmen und ihre Motivausprägungen erhoben wurden. Hier ist anzumerken, dass die beiden Versuchsgruppen diesen Fragebogen zur Selbstbewertung bereits auch vor ihrem Training ausfüllten.

Im Anschluss fanden vier verschiedene Rollenspiele statt zu den verschiedenen Führungsverhalten (direktiv, transaktional, transformational, empowering) mit anschließender Bewertung durch Fragebögen. Die Reihenfolge wurde randomisiert (nach Zufallsprinzip) ausgewählt und die Interaktionen wurden durch die Versuchsleiter mittels Checklisten beobachtet.

5.4 Verwendete Verfahren

Zur Datenerhebung wurden ausschließlich Fragebögen herangezogen, welche mit statistischen Verfahren ausgewertet wurden.

5.4.1 Personality Research Form (PRF)

Die Originalversion der Personality Research Form stammt von Jackson (1984) und baut auf der Persönlichkeitstheorie von Murray (1938) auf. Es ist ein multivariater Fragebogen mit 234 Items und 22 Skalen und erlaubt eine umfangreiche Charakterisierung der Persönlichkeit. Dieses Verfahren ist eines der meist verwendeten anglo-amerikanischen Persönlichkeitsinventare.

In der vorliegenden Untersuchung wurde zur Messung der drei zentralen Motive Macht, Leistung und Anschluss die gekürzte deutsche Version des Fragebogens Personality Research Form (PRF) von Stumpf, Angleitner, Wieck, Jackson und Beloch-Till (1985) verwendet. In dieser Version wurden 15 Skalen beibehalten und die Anzahl der Items reduziert. Die revidierte deutsche PRF-Version wurde nochmals gekürzt und die Item Anzahl auf je 16 Items reduziert. In Bezug auf die Zuverlässigkeit wurde die Stabilität der Inhaltsskalenwerte für ein Retestintervall von drei Jahren untersucht und es ergaben sich Reliabilitätskoeffizienten zwischen 0.69 und 0.83. Außerdem besitzen die Skalen eine hohe konvergente Validität hinsichtlich Selbst- und Fremdeinschätzung von Personen bezüglich der erfassten Eigenschaften.

Für diese Studie wurden die drei Skalen Macht, Leistung und Anschluss der PRF in dem Fragebogen mit den 12 relevanten Items verwendet, um die Motive explizit abzubilden. Die Antwortmöglichkeiten werden mittels einer fünf stufigen Likert-Skala von „1=trifft gar nicht zu" bis „5=trifft vollkommen zu" erhoben.

Leistungsmotiv

(1) Ich werde lieber nach Arbeitsleistung, als nach Arbeitszeit bezahlt.

(2) Ich arbeite an Problemen weiter, bei denen Andere schon aufgegeben haben.

(3) Ich setze mir oft schwer erreichbare Ziele.

Anschlussmotiv

(4) Ich versuche, so oft wie möglich in Gesellschaft von Freunden zu sein.

(5) Ich finde, jedes Erlebnis bedeutet mehr, wenn man es mit einem Freund teilt.

(6) Ich arbeite lieber mit anderen zusammen als allein.

Machtmotiv (personalisiert)

(7) Ich versuche, Andere unter meinen persönlichen Einfluss zu bekommen, anstatt zuzulassen, dass sie mich kontrollieren.

(8) Wenn ich mit Anderen zusammen bin, strebe ich danach, die Entscheidungen zu treffen.

(9) Ich strebe nach Positionen, in denen ich einen persönlichen Vorteil erlangen kann.

Machtmotiv (sozialisiert)

(10) Für mich ist es wichtig, andere Menschen für ein höheres gemeinschaftliches Ziel oder Ideal zu begeistern.

(11) Für mich ist es wichtig, dass andere Menschen sich aufgrund meines Einflusses stärker und besser fühlen.

(12) In einer Führungsposition wäre es mir wichtig, das gemeinschaftliche „Wir-Gefühl" zu betonen.

Der Fragebogen wurde von den Versuchsteilnehmern (Leadern) in den beiden Versuchsgruppen (Full-Range -und Superleadership-Gruppe) jeweils vor dem Training (Messzeitpunkt T1) und nochmals nach dem Training direkt vor der Interaktion (Messzeitpunkt T2) als Selbstbewertung, ausgefüllt.

5.4.2 Multifactor Leadership Questionnaire (MLQ)

Die ursprüngliche Version des Multifactor Leadership Questionnaire (MLQ) wurde von Bass in den 80er Jahren (1985) konzipiert. Danach wurde er mehrmals überarbeitet und weiter verfeinert, um die Reliabilität und Validität zu verbessern und die Version MLQ (Version 5X) von Bass und Avolio (1995) stellt das heute am häufigsten eingesetzte Instrument zur Messung von Full Range Leadership dar (Díaz-Sáenz, 2011; Northouse, 2010). Neben der Änderung der Item Anzahl wurde auch der ursprüngliche Faktor „Charisma" in „Idealisierter Einfluss" umbenannt (Felfe, 2006b). Aufgrund der guten Reliabilität wird er auf der ganzen Welt eingesetzt und in viele Sprachen übersetzt (Bass & Riggio, 2006).

Für diese Studie wurde die deutsche Validierung des MLQ (Form 5X) von Felfe (2006b) eingesetzt. Der Fragebogen beinhaltet insgesamt 36 Items, die sich aus neun Skalen zusammen setzen, welche die drei Führungsdimensionen (transformational, transaktionale und laissez-faire) erfassen. Die Antwortmöglichkeiten werden mittels einer fünfstufigen Likert-Skala von „1=nie" bis „5=häufig, fast immer" erhoben. Kritisch ist anzumerken, dass Contingent Reward nicht genügend von den transformationalen Skalen differenziert werden kann. Außerdem wird Management by Exception (passiv) in manchen Fällen mit der Laissez-Faire Führung zur passiv vermeidenden Führung gezählt und in anderen wiederum getrennt voneinander als transaktionale Führung betrachtet (Avolio, Bass & Jung, 1999; Furtner, Baldegger & Rauthmann, 2013).

Transformational

a) Intellektuelle Stimulierung

(1) Ich prüfe stets aufs neue, ob zentrale /wichtige Annahmen noch angemessen sind.

(2) Ich suche bei der Lösung von Problemen nach unterschiedlichen Perspektiven.

(3) Ich bringe meine Mitarbeiter dazu, Probleme aus verschiedenen Blickwinkeln zu sehen.

(4)Ich schlage neue Wege vor, wie Aufgaben/Aufträge bearbeitet werden können.

b) Idealisierter Einfluss

(5) Ich spreche mit den Mitarbeitern über meine wichtigsten Überzeugungen und Werte.

(6) Ich bin jemand, bei dem die Mitarbeiter stolz sind, mit ihm/ihr zu tun zu haben.

(7) Ich mache den Mitarbeitern klar, wie wichtig es ist, sich 100%-ig für eine Sache einzu-

setzen.

(8) Ich stelle meine eigenen Interessen zurück, wenn es um das Wohl der Gruppe geht.

(9) Ich handle in einer Weise, die bei anderen Respekt erzeugt.

(10) Ich berücksichtige die ethischen und moralischen Konsequenzen meiner Entscheidungen.

(11) Ich strahle Stärke und Vertrauen aus.

(12) Ich betone die Wichtigkeit von Teamgeist und einem gemeinsamen Aufgabenverständnis.

c) Inspirierende Motivation

(13) Ich äußere mich optimistisch über die Zukunft.

(14) Ich spreche mit Begeisterung über das, was erreicht werden soll.

(15) Ich formuliere eine überzeugende Zukunftsvision.

(16) Ich habe großes Vertrauen, dass die gesteckten Ziele erreicht werden.

d) Individuelle Zuwendung

(17) Ich nehme mir Zeit für Führung und dafür, den Mitarbeitern etwas beizubringen.

(18) Ich berücksichtige die Individualität jedes einzelnen Mitarbeiters und behandle ihn nicht nur als irgendeinen unter vielen.

(19) Ich erkenne die individuellen Bedürfnisse, Fähigkeiten und Ziele meiner Mitarbeiter.

(20) Ich helfe meinen Mitarbeitern ihre Stärken auszubauen.

<u>Transaktional</u>

a) Contingent Reward

(21) Ich biete im Gegenzug für die Anstrengungen der MitarbeiterInnen meine Hilfe an.

(22) Ich mache deutlich, wer für bestimmte Leistungen verantwortlich ist.

(23) Ich spreche klar aus, was man erwarten kann, wenn die gesteckten Ziele erreicht worden sind.

(24) Ich zeige Zufriedenheit, wenn andere die Erwartungen erfüllen.

b) Management by Exception (aktiv)

(25) Ich konzentriere mich überwiegend auf Unregelmäßigkeiten, Fehler, Ausnahmen und Abweichungen von Vorschriften.

(26) Ich kümmere mich in erster Linie um Fehler und Beschwerden.

(27) Ich verfolge alle Fehler konsequent.

(28) Ich mache andere auf Fehler aufmerksam, damit die Anforderungen erfüllt werden.

c) Management by Exception (passiv)

(29) Ich beginne mich erst um Probleme zu kümmern, wenn sie wirklich ernst geworden sind.

(30) Ich warte nicht erst bis etwas schief gegangen ist, bevor ich etwas unternehme.

(31) Ich bin fest davon überzeugt, dass man ohne Not nichts ändern sollte.

(32) Ich vertrete die Ansicht, dass Probleme erst wiederholt auftreten müssen, bevor man handeln sollte.

Laissez-Faire

(33) Ich versuche, mich nicht herauszuhalten, wenn wichtige Fragen anstehen.

(34) Ich bin immer da, wenn ich gebraucht werde.

(35) Ich treffe schnell und ohne Zögern meine Entscheidungen.

(36) Ich kläre wichtige Fragen sofort.

Der Selbsteinschätzungs-Fragebogen wurde von den Versuchsteilnehmern (Leadern) in den beiden Versuchsgruppen (Full-Range -und Superleadership-Gruppe) jeweils vor dem Training (Messzeitpunkt T1) und nochmals nach dem Training direkt vor der Interaktion (Messzeitpunkt T2) ausgefüllt.

Eine hohe Zustimmung bedeutet eine hohe Ausprägung des jeweiligen Faktors. Folglich müssen die vier positiv formulierten Items der Laissez-faire Dimension (Item 33-36) sowie ein Item der transaktionalen Dimension Management by Exception passiv (Item 30) zur Datenauswertung umgepolt werden.

5.4.3 Empowering Leadership Scale (ELS)

Ursprünglich wurde zur Messung von Superleadership/ Empowering Leadership der Empowering Leadership Questionnaire von Arnold, Arad, Rhodes und Drasgow (2000) entwickelt. Er enthält fünf Dimensionen mit insgesamt 38 Items und die Führungskraft wird aus der Sicht der Geführten bewertet, nicht durch eine Selbstbewertung.

Um das direktive Führungsverhalten und Empowering Leadership zu messen, wurde in der vorliegenden Studie die Empowering Leadership Scale (ELS) von Pearce und Sims (2002) vorgezogen, da diese die engsten Zusammenhänge zur Superleadership-Konzeption von Manz und Sims (1987, 1991) zeigt. Dia Skala beinhaltet sechs Dimensionen mit insgesamt 20 Items und die Reliabilität für jede Skala liegt bei größer gleich 0.72. Für diese Untersuchung wurden die zwei Skalen Direktiv und Empowering in dem Fragebogen mit 15 relevanten Items verwendet, um die beiden Führungsverhalten explizit abzubilden. Die Antwortmöglichkeiten werden mittels einer fünfstufigen Likert-Skala von „1=nie" bis „5=häufig, fast immer" erhoben. Kritisch ist anzumerken, dass dieses Verfahren noch nicht ausreichend überprüft und validiert worden ist (Srivastava, Bartol & Locke, 2006).

Direktiv

(1) Wenn es um Arbeitsaufgaben geht, gebe ich den Geführten (genaue) Anweisungen, wie sie auszuführen sind.

(2) Ich instruiere die Geführten darüber, wie sie ihre Arbeitsaufgaben zu erfüllen haben.

(3) Ich kommandiere die Geführten bezüglich ihrer Arbeit herum.

Empowering

a) Selbstbelohnung

(4) Ich ermutige die Geführten dazu, sich mit etwas zu belohnen, das sie genießen, besonders wenn sie die Arbeitsaufgabe besonders gut gemacht haben.

(5) Ich rate den Geführten, sich mit etwas, das ihnen Freude bereitet, zu belohnen, wenn sie eine größere Arbeitsaufgabe erfolgreich abgeschlossen haben.

(6) Ich ermutige die Geführten dazu, sich selbst anzutreiben, wenn sie einer neuen Herausforderung begegnen.

b) Teamwork

(7) Ich ermutige die Geführten dazu, mit anderen Personen aus ihrer Arbeitsgruppe zusammen zu arbeiten.

(8) Ich dränge die Geführten dazu, mit anderen Personen aus ihrer Arbeitsgruppe als Team zusammen zu arbeiten.

(9) Ich rate den Geführten dazu, ihre Bemühungen/ Leistungen mit anderen Personen aus ihrer Arbeitsgruppe zu koordinieren.

c) Autonomie

(10) Ich ermutige die Geführten dazu, ohne Aufsicht bzw. Kontrolle selbst Lösungen für ihre Probleme zu finden.

(11) Ich ermutige die Geführten dazu, selbst Lösungen zu finden, ohne dass ich sie direkt dabei unterstütze.

(12) Ich verlange Eigenverantwortlichkeit.

d) Selbstentwicklung

(13) Ich ermutige die Geführten dazu ihre Selbstführungskompetenzen zu verbessern.

(14) Ich ermutige die Geführten dazu ihre Kompetenzen und Fähigkeiten zu entwickeln.

(15) Ich ermutige meine Geführten zur Weiterentwicklung.

Der Selbsteinschätzungs-Fragebogen wurde von den Versuchsteilnehmern (Leadern) in den beiden Versuchsgruppen (Full-Range -und Superleadership-Gruppe) jeweils vor dem Training (Messzeitpunkt T1) und nochmals nach dem Training direkt vor der Interaktion (Messzeitpunkt T2) ausgefüllt.

5.4.4 Statistische Analysen zur Datenauswertung

Die Auswertung der Fragebögen erfolgt anhand einer statistischen Datenanalyse mit SPSS Statistics Version 21 für Windows. Dies ist durchführbar, da die Antwortmöglichkeiten anhand einer fünfstufigen Likert-Skala erfasst wurden und die Variablen somit intervallskaliert vorliegen.

Für die untersuchte Fragestellung werden zum einen die einzelnen Versuchsgruppen (FR und SL) zu zwei verschiedenen Messzeitpunkten untersucht. Demnach liegt eine Unterschiedshypothese vor, die bei intervallskalierten Daten, durch den im Folgenden dargestellten T-Test überprüft wird. Zum anderen wird untersucht, ob Zusammenhänge zwischen zwei intervallskalierten Variablen bestehen, wofür die Produkt-Moment-Korrelation nach Pearson verwendet wird.

T-Test

Dieses parametrische Testverfahren zählt zu den Mittelwertsvergleichen und ermöglicht eine inferenzstatistische Überprüfung zweier unabhängiger oder abhängiger Stichproben, vorausgesetzt die Daten sind normalverteilt und intervallskaliert. Um unabhängige Stichproben handelt es sich bei Stichproben, bei denen die Vergleichsgruppen aus unterschiedlichen Fällen bestehen. Da allerdings in der vorliegenden Studie die Stichproben aus denselben Fällen bestehen (zu zwei Messzeitpunkten), handelt es sich hier um abhängige bzw. verbundene Stichproben. Zur Überprüfung, ob eine Normalverteilung vorliegt, kann der Kolmogorow-Smirnow-Anpassungstest verwendet werden, der sich allerdings bei einer Stichprobe ab ca. 30 Probanden erübrigt (Bortz & Döring, 2006).

Korrelation Pearson

Zur Veranschaulichung von Beziehungen unter den einzelnen Konstrukten wurden Produkt-Moment-Korrelationen nach Pearson berechnet. Von besonderer Bedeutung waren hier das Machtmotiv und die aktiven Dimensionen von Führungsverhalten. Der Korrelationskoeffizient „r" nach Pearson gibt Auskunft über Richtung und Stärke des linearen Zusammenhangs zwischen zwei intervallskalierten Variablen. Er kann Werte zwischen -1 und +1 annehmen. Das Vorzeichen des Zusammenhangsmaßes gibt die Richtung an, das heißt, ob die Variablen positiv oder negativ miteinander korrelieren. Eine positive Korrelation bedeutet, je höher das eine, desto höher das andere und eine negative Korrelation bedeutet, je höher das eine, desto niedriger das andere. Der Wert 1 spricht für einen perfekten linearen Zusammenhang, wohingegen der Wert 0 bedeutet, dass kein Zusammenhang zwischen den Variablen besteht (Bühner, 2011).

Signifikanzniveau

Zur Überprüfung der statistischen Signifikanz wird die die Nullhypothese (es besteht kein Unterschied/ Zusammenhang zwischen den Messwerten) der Alternativhypothese (es besteht ein Unterschied/ Zusammenhang) gegenübergestellt. Eine Irrtumswahrscheinlichkeit von $p \leq 0,05$ spricht für die Annahme eines Unterschieds/ Zusammenhangs. Liegt die Irrtumswahrscheinlichkeit unter 1% ($p \leq 0,01$), spricht man sogar von einem hoch signifikanten Ergebnis. Je größer die Stichprobe ist, desto eher lässt sich die Signifikanz schwacher Zusammenhänge nachweisen (Janssen & Laatz, 1994).

6. Ergebnisse

6.1 T-Test bei gepaarten Stichproben

Zunächst wurde die Wirksamkeit der Trainings („Full-Range-Leadership-Training" und „Superleadership-Training") hinsichtlich der Motive und des Führungsverhaltens zu zwei unterschiedlichen Messzeitpunkten untersucht, ob sich jeweils ein Trainingseffekt erkennen lässt. Diesbezüglich wurden anhand eines T-Tests für abhängige Stichproben die Mittelwerte miteinander verglichen.

Hypothese 1: Es wird erwartet, dass das sozialisierte Machtmotiv durch ein Leadership-Training gesteigert wird. In Tabelle 6 und Tabelle 7 sind Mittelwerte, Standardabweichungen, T-Werte, und Korrelationen in Bezug auf die Motive dargestellt. Der 1. Messzeitpunkt ist mit TR1 gekennzeichnet und der 2. dementsprechend mit TR2.

Full Range Gruppe

Tabelle 6: T-Test bei abhängigen Stichproben – Motive (FR Gruppe)

		M	SD	r	T	Sig. (1-seitig)
Leistung				.813	-1.160	.130
	TR1	3.227	.716			
	TR2	3.333	.682			
Anschluss				.904	-.449	.329
	TR1	3.561	.922			
	TR2	3.606	1.097			
Macht pers.				.854	.326	.374
	TR1	2.894	.832			
	TR2	2.864	.754			
Macht sozial.				.347*	-1.818	.042
	TR1	3.212	1.143			
	TR2	3.636	.616			

Anmerkung. N=22; df=21; Signifikante Werte (p < .05) sind fett markiert.
***p < .001; **p < .01; *p < .05; †p < .10

Das sozialisierte Machtmotiv wurde durch ein Full-Range-Training signifikant gesteigert (T = -1.818, p < .05).

Hinsichtlich des Leistungs-, Anschluss- und personalisierten Machtmotiv lassen sich keine signifikanten Unterschiede in der Full-Range-Trainingsgruppe erkennen.

Superleadership Gruppe

Tabelle 7: T-Test bei abhängigen Stichproben – Motive (SL Gruppe)

		M	SD	r	T	Sig. (1-seitig)
Leistung				.814***	-4.929	.000
	TR1	3.346	.709			
	TR2	3.744	.576			
Anschluss				.528	.443	.331
	TR1	3.731	.660			
	TR2	3.654	1.035			
Macht pers.				.658*	-2.309	.015
	TR1	2.897	.826			
	TR2	3.205	.817			
Macht sozial.				.674**	-2.776	.005
	TR1	3.397	.699			
	TR2	3.705	.701			

Anmerkung. N=26; df=25; Signifikante Werte (p < .05) sind fett markiert.
***p < .001; **p < .01; *p < .05; †p < .10

Auch in der Superleadership-Gruppe zeigte sich ein hoch signifikanter Unterschied hinsichtlich des sozialisierten Machtmotiv (T = -2.776, p < .01). Die Hypothese *H1* konnte bestätigt werden.

Weiter zeigte sich durch das Superleadership-Training ein signifikanter Unterschied beim personalisierten Machtmotiv (T = -2.776). Zudem wird hier auch das Leistungsmotiv höchst signifikant gesteigert (T = -4.929, p < .001). Diese Ergebnisse werden in der Diskussion näher analysiert.

Hinsichtlich des Anschlussmotivs zeigt sich auch hier kein signifikanter Unterschied.

Hypothese 2: Es wird erwartet, dass ein Full-Range-Leadership-Training zur Steigerung der transformationalen und transaktionalen Führung führt. In Tabelle 8 sind Mittelwerte, Standardabweichungen, T-Werte, Signifikanz und Korrelationen in Bezug auf das Führungsverhalten dargestellt.

<u>Full Range Gruppe</u>

Tabelle 8: T-Test bei abhängigen Stichproben – Führungsverhalten (FR Gruppe)

		M	SD	r	T	Sig. (1-seitig)
Laissez-Faire				.415	-1.262	.111
	TR1	3.693	.522			
	TR2	3.841	.491			
Transaktional				.475*	1.996	.030
	TR1	3.133	.295			
	TR2	3.011	.258			
Transformational				.732**	-3.059	.003
	TR1	3.691	.439			
	TR2	3.898	.427			
Direktiv				.620	.121	.453
	TR1	3.076	.608			
	TR2	3.061	.717			
Empowering				.790	-1.350	.100
	TR1	3.761	.479			
	TR2	3.849	.450			

Anmerkung. N=22; df=21; Signifikante Werte (p < .05) sind fett markiert.
***p < .001; **p < .01; *p < .05; †p < .10

Es lässt sich ein hoch signifikanter Trainingseffekt hinsichtlich der transformationalen Führung in der Full-Range-Gruppe erkennen (T = -3.059, p < .01). Hingegen wurde die transaktionale Führung durch das Full-Range-Leadership-Training signifikant niedriger (T = 1.996, p < .05). Die Hypothese *H2* konnte teilweise bestätigt werden.

In Bezug auf die Laissez-faire-Führung, direktive Führungsverhalten und Empowering Leadership zeigten sich keine signifikanten Unterschiede durch ein Full-Range-Training.

Hypothese 3: Es wird erwartet, dass ein Superleadership-Training zur Steigerung der transformationalen Führung, transaktionalen Führung und Empowering Leadership führt. In Tabelle 9 sind Mittelwerte, Standardabweichungen, T-Werte, Signifikanz und Korrelationen in Bezug auf das Führungsverhalten dargestellt.

Superleadership Gruppe

Tabelle 9: T-Test bei abhängigen Stichproben – Führungsverhalten (SL Gruppe)

		M	SD	r	T	Sig. (1-seitig)
Laissez-Faire				.820**	-2.668	.007
	TR1	3.519	.707			
	TR2	3.731	.583			
Transaktional				.489	-1.244	.113
	TR1	3.032	.336			
	TR2	3.109	.281			
Transformational				.791***	-4.713	.000
	TR1	3.548	.481			
	TR2	3.825	.437			
Direktiv				.252	1.125	.136
	TR1	3.039	.785			
	TR2	2.551	2.270			
Empowering				.194	.195	.424
	TR1	3.583	.483			
	TR2	3.494	2.393			

Anmerkung. N=26; df=25; Signifikante Werte (p < .05) sind fett markiert.
*** $p < .001$; ** $p < .01$; * $p < .05$; † $p < .10$

Durch das Superleadership-Training lässt sich ein höchst signifikanter Trainingseffekt bei der transformationalen Führung erkennen (T = -4.713, p < .001), hingegen der Erwartungen jedoch nicht bei der transaktionalen Führung. An Stelle von Empowering Leadership wurde die Laissez-faire-Führung hoch signifikant gesteigert (T = -2.668, p < .01). Die Hypothese *H3* konnte teilweise bestätigt werden.

In Bezug auf die direktive Führung zeigten sich keine signifikanten Unterschiede durch ein Superleadership-Training.

6.2 Korrelation nach Pearson

Um zu sehen, ob ein signifikanter Zusammenhang zwischen dem Machtmotiv und den aktiven Dimensionen des Full-Range-Leadership -und Superleadership-Modells existiert, wurde der Produkt-Korrelationskoeffizient nach Pearson berechnet.

Hypothese 4: Es wird ein signifikanter positiver Zusammenhang zwischen dem Machtmotiv und den aktiven Dimensionen von Führungsverhalten erwartet. Die Korrelationen zwischen den drei zentralen Motiven (Macht, Leistung, Anschluss) und den Führungsverhalten (Laissez-faire, transaktional, transformational, direktiv, empowering) sind in Tabelle 10 ersichtlich.

Tabelle 10: Korrelation zwischen den Motiven und Führungsverhalten in den beiden Versuchsgruppen (FR, SL)

Skalen	Laissez-faire	Transaktional	Transformational	Direktiv	Empowering
Leistungsmotiv	.384	.183	.270	.381	.183
Anschlussmotiv	.067	-.036	.429	-.029	.363
Machtmotiv *personalisiert*	.134	**.337***	.738	.281†	-.117
Machtmotiv *sozialisiert*	.251†	.042	**.459****	**.348***	**.306***

Anmerkung. N=48; Signifikante Werte (p < .05) sind fett markiert.
***p < .001; **p < .01; *p < .05; †p < .10

Es zeigt sich ein hoch signifikanter positiver Zusammenhang zwischen dem Machtmotiv (sozialisiert) und der transformationalen Führung (r = .459, p < .01). Die Hypothese *H4* wurde bestätigt.

Zudem korreliert das sozialisierte Machtmotiv signifikant positiv mit der direktiven Führung (r = .348, p < .05) und Empowering Leadership (r = .306, p < .05). Das personalisierte Machtmotiv korreliert signifikant positiv mit der transaktionalen Führung (r = .337, p < .05). Nähere Erklärungen werden hierzu im Anschluss diskutiert.

C) Diskussion

7. Zusammenfassung der Ergebnisse

In der vorliegenden experimentellen Studie wurde zunächst die Auswirkung eines Leadership-Trainings auf die drei zentralen Motive und verschiedenen Führungsverhalten überprüft. Die Ergebnisse bestätigen die Hypothese, dass sich speziell das sozialisierte Machtmotiv durch ein Leadership-Training steigern lässt. Das sozialisierte Machtmotiv der Probanden wird sowohl durch das Full-Range-Leadership-Training als auch durch das Superleadership-Training signifikant erhöht. Zudem werden durch das Superleadership-Training auch das personalisierte Machtmotiv und das Leistungsmotiv signifikant erhöht.

Durch das Full-Range-Leadership-Training zeigt sich ein hoch signifikanter Trainingseffekt auf die transformationale Führung der Probanden. Hingegen der Erwartungen zieht das Full-Range-Leadership-Training jedoch eine signifikante Verringerung der transaktionalen Führung nach sich. Das Superleadership-Training hat einen höchst signifikanten Trainingseffekt auf die transformationale Führung. Allerdings weist es keinen Effekt auf die transaktionale Führung auf. Außerdem wird durch das Superleadership-Training, an Stelle von Empowering Leadership, die Laissez-faire Führung signifikant gesteigert. Die Ergebnisse können die Hypothesen hier nur zum Teil bestätigen.

Weiter kann bestätigt werden, dass das Machtmotiv mit dem Führungsverhalten in Verbindung steht. Es zeigt sich ein hoch signifikanter Zusammenhang zwischen dem sozialisierten Machtmotiv und der transformationalen Führung. Zudem korreliert das sozialisierte Machtmotiv signifikant mit der direktiven Führung und Empowering Leadership. Das personalisierte Machtmotiv korreliert hingegen mit der transaktionalen Führung.

8. Interpretation der Ergebnisse

Können Motive gefördert werden?

Ein Motiv ist der fundamentale Antrieb für das Handeln eines Individuums. Es ist personenspezifisch und bezieht sich auf das Streben nach Macht, Leistung und Anschluss. Die Motive wirken sich auf das Handeln einer Person und dementsprechend auch auf sein Führungsverhalten aus (Heckhausen & Heckhausen, 2010). Wie ein jeweiliges Motiv ausgeprägt ist, hängt von den Erfahrungen ab, die ein Mensch während seiner Sozialisation gemacht hat. Speziell im Jugend– und Erwachsenenalter, durch kritische Lebensereignisse oder auch durch Trainings können sie verändert werden (McClelland, 1975). Nach empirischen Erkenntnissen lassen sich das sozialisierte Machtmotiv, das Leistungsmotiv und auch das Anschlussmotiv in Trainings entwickeln und fördern (McClelland, 1961, 1975).

In der vorliegenden Studie konnte bestätigt werden, dass sich das sozialisierte Machtmotiv durch ein Full-Range-Training und durch ein Superleadership-Training signifikant steigern lässt. Eine Führungsperson mit einem ausgeprägten sozialisierten Machtmotiv will, dass seine Mitarbeiter von seiner Macht profitieren und versucht diese in erster Linie zu stärken (McClelland, Davis, Kalin & Wanner, 1972).

Im Full-Range-Leadership-Training steht die transformationale Führung im Mittelpunkt und im Superleadership-Training steht Empowering Leadership im Zentrum. Beide Führungsverhalten legen ihren Fokus auf ein sozialisiertes Machtmotiv. Eine Führungsperson mit einem sozialisierten Machtmotiv verfügt über die nötige Selbstkontrolle, um die Machtimpulse entsprechend zu hemmen und zu kontrollieren. Je höher dieses ausgeprägt ist, umso höher ist auch die Machtwirkung. Wie gut eine Person emotionale Impulse hemmen kann, ist ein wichtiges Kriterium hinsichtlich des Machtmotivs. Menschen mit einem gehemmten Machtmotiv erlangen vermehrt Führungspositionen und besitzen eine gute Vorbildfunktion. Zudem verfügen sie auch über eine bessere Überzeugungskraft als Personen mit einem ungehemmten Machtmotiv (Schultheiss & Brunnstein, 2002).

In den Trainings werden vermutlich Techniken und Strategien erlernt und gefördert, welche die Selbstkontrolle von emotionalen Impulsen unterstützt und auch die wahrgenommene Überzeugungskraft ihrer Argumente erhöht. Führungspersonen mit einem sozialisierten

Machtmotiv sprechen fließender und benutzen mehr Mimik und Gestik, wie beispielsweise ihre Augenbrauen (Schultheiss & Brunnstein, 2002).

Auch das personalisierte Machtmotiv wurde durch das Superleadership-Training signifikant erhöht. Da das Machtmotiv generell gesteigert wird, könnte es sein, dass Personen mit einem bereits vorhandenen personalisierten Machtmotiv, durch dieses sehr ausführlichere Training, noch bestärkt wurden in ihrer ungehemmten Machtausprägung. Im Vergleich zur Full-Range-Gruppe ist der Mittelwert des personalisierten Machtmotivs in der Superleadership-Gruppe zum Messzeitpunkt TR1 (vor dem Training) bereits etwas höher ausgeprägt. Ein möglicher Grund hierfür könnte darin liegen, dass sich in der Superleadership-Gruppe mehr männliche Probanden befanden und diese häufiger ein personalisiertes Machtmotiv aufweisen (Winter, 1988). Das heißt, das Ergebnis könnte sich möglicherweise auf Unterschiede beziehen, welche bereits von Anfang an bei den Gruppen bestanden.

Ferner wird auch das Leistungsmotiv durch das Superleadership-Training höchst signifikant gesteigert. Nach empirischen Aussagen kann leistungsorientiertes Verhalten gefördert werden, indem es speziell belohnt wird (Winterbottom, 1958). Auch Rheinberg (2008) konnte belegen, dass das Leistungsmotiv im Jugend- und Erwachsenenalter durch motivationspsychologische Trainings beeinflusst werden kann.

Bezogen auf die vorliegende Untersuchung könnte die Begründung für ein gesteigertes Leistungsmotiv vor allem in der Behandlung des Self-Leadership-Modells, innerhalb des Superleadership-Trainings, liegen. Das heißt, den Versuchsteilnehmern wird die Führung bzw. die Beeinflussung der eigenen Person und die Anwendung von verschiedenen Strategien zur Steigerung der eigenen Effektivität erläutert. Aus empirischen Studien ist bekannt, dass sich Self-Leadership positiv auf die Leistung auswirkt (Neck & Manz, 1992; Neck, Nouri & Godwin, 2003).

Zu diesem Konzept zählen folgende Dimensionen, zu welchen jeweils Übungen durchgeführt wurden: Selbstzielsetzung, Selbstbeobachtung, Selbstbelohnung und -bestrafung, Selbsterinnerung, natürliche Belohnungsstrategien, Visualisieren erfolgreicher Leistungen, Selbstgespräch, Überzeugungen und Sichtweisen bewerten. Mit den Probanden wurde beispielsweise trainiert, wie sie sich mittels der SMART-Regel nach O'Neill und Conzemius (2005) kurz- bis mittelfristige Ziele setzen. Eine gemeinsame Zielvereinbarung bringt eine sofortige Leistungsaktivierung nach sich. Dies spricht besonders leistungsorientierte Personen an, da diese nie zufrieden sind mit ihrer bisherigen Leistung und sich fortlaufend neue Ziele setzen, wenn eines erreicht ist (Schmalt & Heckhausen, 2010).

Hinsichtlich des Anschlussmotivs konnte keine bedeutsame Veränderung nachgewiesen werden. Deci und Ryan (2000) nehmen für das Anschlussmotiv mit hoher Wahrscheinlichkeit eine biologische Basis an. Anschlussmotivierte wollen geschätzt und gemocht werden und zeigen deshalb konformes und kooperatives Verhalten. Ihnen ist das Zusammengehörigkeitsgefühl in einer sozialen Gruppe sehr wichtig (Leary & Hoyle, 2009). Ein hoch ausgeprägtes Anschlussmotiv steht in Verbindung mit der Laissez-faire-Führung. Da sie bei anderen beliebt sein wollen, vermeiden sie ihnen Ziele vorzuschreiben und zeigen dadurch eher ein passiv-vermeidendes Verhalten (Furtner & Baldegger, 2013). Vermutlich zeigt sich aus diesem Grund weder durch das Full-Range-Leadership-Training noch durch das Superleadership-Training eine signifikante Veränderung.

Ist Führung entwicklungsfähig?

In der vorliegenden Studie zeigte sich ein signifikanter Trainingseffekt hinsichtlich der transformationalen Führung. Diese Ergebnisse unterstützen bisherige empirische Erkenntnisse. Eine Metaanalyse von Avolio, Reichard, Hannah, Walumbwa und Chan (2009) zur Überprüfung der Wirksamkeit von Führungsinterventionen zeigte, dass Führungsinterventionen einen positiven Effekt nach sich ziehen. In anderen Studien konnte nachgewiesen werden, dass gerade die transformationale Führung entwicklungsfähig ist. Führungsverhalten kann bereits in sehr frühen Jahren durch das familiäre Umfeld entwickelt werden. Jugendliche ahmen beispielsweise das Verhalten der Väter nach, wenn diese ein transformationales Führungsverhalten aufweisen. Dieses transformationale Führungsverhalten bei Jugendlichen beeinflusst wiederum ihre Mitschüler und spornt diese zu mehr Leistung an. Übertragen auf eine Organisation agieren transformationale Führungskräfte folglich als positives Rollenmodell (Zacharatos, Barling & Kelloway, 2000).

Der Fokus liegt in den Trainings auf der Entwicklung eigener Fähigkeiten und der Transformation anderer (Bass & Avolio, 1999). Kreatives und divergentes Denken wird gefördert und die Führungskraft unterstützt die Geführten ihre eigenen Stärken weiter zu entwickeln (Díaz-Saénz, 2011). Durch die starke emotionale Beeinflussung werden die Geführten inspiriert und transformiert (Burns, 1978). Die Geführten wollen sich mit der Führungskraft identifizieren. (Avolio, 2011; Díaz-Saénz, 2011; Northouse, 2010). Die Ausstrahlung der Führungskraft entsteht durch die Wahrnehmung der Geführten und ist demnach weniger angeboren. Sie kann durch hohe Ideale und Überzeugungen gesteigert werden. Die Führungskraft hat gelernt ihre Geführten zu beeinflussen, indem sie starke Emotionen hervorruft, authentisches Verhalten zeigt und ihnen Sinn und Zweck vermittelt (Conger & Kanungo, 1998). Zudem benutzen transformationale Führungskräfte eine ganz bestimmte Rhetorik, welche erlernt werden kann.

Letztendlich sollen die Leader in den Trainings so entwickelt werden, dass sie ihren Geführten beibringen können, sich selbst besser zu führen, um später auch transformationale Führungspersonen zu werden (Furtner, 2010; Furtner, Baldegger & Rauthmann, 2013; Manz & Sims, 1991).

Hingegen der Erwartungen wurde die transaktionale Führung durch das Full-Range-Leadership-Training signifikant niedriger. Dies lässt sich eventuell dadurch begründen, dass die transaktionale Führung nicht nur aus einer aktiven und konstruktiven (Contingent Reward), sondern auch aus einer passiven und eher destruktiven Komponente besteht (Management by Exception). Generell ist die transaktionale Führung eine sehr einfache Führung und konzentriert sich auf den rationalen Austauschprozess von Ressourcen, der zwischen der Führungskraft und den Geführten stattfindet (Sosik & Jung, 2010). Unter Management by Exception versteht man eine Führungskraft, die ein beobachtendes und kontrollierendes Verhalten zeigt, welches eher korrektiv statt konstruktiv ist (Judge & Piccolo, 2004). Der Fokus liegt bei dieser Art der Führung auf Beobachtung und Kontrolle. Das heißt, die Führungskraft ist sehr reaktiv, passiv und ineffektiv und greift immer erst dann ein, wenn es bereits zu spät ist. Folglich werden die Geführten nicht mit in den Problemlöseprozess eingebunden und weisen dadurch auch nur wenig Commitment gegenüber ihrer Führungskraft und Organisation auf. Die Führungskraft versucht hier nicht seine Mitarbeiter zu führen und zu entwickeln, da sie nicht erkennt, dass diese einen wichtigen Teil der Organisation darstellen. Dadurch ist die passive Form von Management by Exception sehr ineffektiv. Die Versuchsteilnehmer könnten dadurch die transaktionale Führung tendenziell als negativ wahrgenommen haben und wendeten sie demnach nach den Trainings weniger an bzw. schrieben sie sich selbst weniger zu.

Nach bisherigen empirischen Erkenntnissen sollte die transformationale Führung mit dem aktivsten Element der transaktionalen Führung (Contingent Reward) kombiniert werden. Führungspersonen, die transaktionales und transformationales Führungsverhalten bezogen auf die Situation, Zeit und Herausforderung anwenden können, sind am effektivsten (Avolio, 2011). Da der Fokus im Full-Range-Leadership-Training, in der vorliegenden Studie, aber vermehrt auf der transformationalen Führung lag, könnte es auch sein, dass dieser additive Effekt der beiden Führungsverhalten nicht genügend zur Geltung kam. Die Probanden konzentrierten sich folglich stärker auf die transformationale Führung.

Interessanterweise wurde durch das Superleadership-Training, statt Empowering Leadership, die Laissez-faire-Führung hoch signifikant gesteigert. Eine Laissez-faire-Führungskraft hält sich eher zurück, geht Konflikten aus dem Weg und somit findet auch kaum ein Austauschprozess statt. Folglich versuchen die Mitarbeiter diese fehlende Führung bzw. diesen großen Freiraum, den sie dadurch haben, durch ihre eigenen Fähigkeiten und Erfahrungen zu ersetzen (Sosik & Jung, 2010).

Im Superleadership-Training liegt der Fokus vermehrt auf der Entwicklung von Empowering Leadership. Dieses Führungsverhalten konzentriert sich auf die Geführten und die Teilung von Macht und Wissen. Hierbei soll die Selbstbestimmung und die Autonomie der Geführten gesteigert und die Macht mit ihnen geteilt werden. Dadurch wird den Mitarbeitern mehr Verantwortung übertragen und die Führungskraft tritt wieder mehr in den Hintergrund. Empowering Leadership bewirkt eine starke Unabhängigkeit der Mitarbeiter und höhere Autonomie (Houghton & Yoho, 2005).

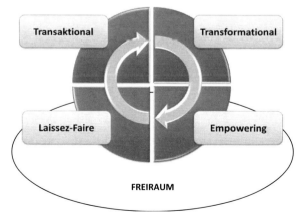

Abbildung 7: Freiraum bei Laissez-Faire und Empowering Leadership

Abbildung 7, soll veranschaulichen, dass das Laissez-faire-Führungsverhalten und Empowering Leadership sich die Gemeinsamkeit teilen, dass sie den Geführten sehr viel Handlungsspielraum lassen. Dieser große Freiraum für die Mitarbeiter, könnte vermutlich von den Versuchsteilnehmern im Training falsch aufgefasst worden sein und infolgedessen schrieben sie sich im Anschluss des Trainings ein vermehrtes Laissez-faire-Führungsverhalten zu.

Da sich das Superleadership-Training überwiegend auf Empowering Leadership und die transformationale Führung konzentriert, ist vermutlich die transaktionale Führung von den Probanden hier eher vernachlässigt worden und es zeigte sich folglich kein signifikanter Unterschied auf die transaktionale Führung, durch das Superleadership-Training.

Beeinflusst das Machtmotiv das Führungsverhalten?

Die Ergebnisse unterstützen die bisherigen empirischen Erkenntnisse, dass das Machtmotiv mit aktiven Führungsverhalten in Verbindung steht (McClelland, 1985; McClelland & Boyatzis, 1982; Furtner, 2012). Machtmotivierte Personen wollen ihre Umwelt beeinflussen und kontrollieren, so dass das Handeln anderer mit den eigenen Bedürfnissen übereinstimmt (Murray, 1938). Nach Winter (2002, 2005) steht das Machtmotiv mit hohen kommunikativen und kämpferischen Fähigkeiten, Humor und Charisma in Verbindung. Sie zeigen auch aggressiveres Verhalten, sind risikobereiter, streben Berufe an in denen es möglich ist Kontrolle auszuüben und zeigen folglich aber auch ein effektives Führungsverhalten (McClelland, 1985; Furtner & Baldegger 2013).

In der gegenwärtigen Studie zeigte sich ein hoch signifikanter Zusammenhang zwischen dem sozialisierten Machtmotiv und der transformationalen Führung. Dieses Ergebnis untermauert die Empirie, dass das Machtmotiv mit der transformationalen Führung im Zusammenhang steht und eine transformationale Führungsperson ein hohes sozialisiertes Machtmotiv aufweist. Sie hat den Nutzen der Organisation im Blick und will die Geführten entwickeln und transformieren (Bass & Steidlmeier, 1999; McClelland, 1975; Winter, 1988).

Führungspersonen verdienen sich höchste Anerkennung und Wertschätzung nur dann, wenn sie uneigennützig und sozial handeln und höhere Ideale verfolgen. Folglich führt ein gehemmtes Machtmotiv zu einer selbstlosen Führung. Sie wollen ihre Geführten, wie bereits erwähnt, entwickeln und transformieren, wodurch sie sich selbst wiederum besser und stärker fühlen (Furtner & Baldegger, 2013).

Obendrein zeigte sich ein signifikanter Zusammenhang zwischen dem sozialisierten Machtmotiv und Empowering Leadership. Dies bestätigt frühere Forschungsergebnisse, dass bei dieser Führung ein hoch sozialisiertes und altruistisches Machtmotiv im Mittelpunkt steht und die Macht sich über die gesamte Organisation hinweg verteilt. Empowerment bedeutet, dass sich die Führungsperson ihre Macht und ihr Wissen mit den Geführten teilt (Vecchio, Justin & Pearce, 2010). Durch diese Teilung der Macht tritt die Führungskraft wieder mehr in den Hintergrund und die Selbstbestimmung und Autonomie der Mitarbeiter wird erhöht (Fletcher, 2004).

Im Vergleich zur transformationalen Führung weist Empowering Leadership ein noch stärkeres sozialisiertes Machtmotiv auf, da hier die Führungsperson als perfektes Rollenmodell dient und zudem ihre Macht mit den Geführten teilt (Manz & Sims, 1991; Schultheiss & Brunnstein, 2002; Vecchio, Justin & Pearce, 2010).

Überraschenderweise korreliert das sozialisierte Machtmotiv in dieser Studie auch signifikant mit der direktiven Führung. Nach French und Raven (1959) beruft sich die direktive Führung auf die Positions- bzw. Legitimationsmacht der Führungsperson. Das bedeutet, dass die Führungskraft die Macht hat, andere zu belohnen oder zu bestrafen, anlässlich ihrer Position in der Organisation. Obwohl die Flexibilität und Innovation unter dieser Führung sehr leidet (Pearce et.al, 2003), hat es in bestimmten Situationen durchaus seine Vorteile. Stellt man sich beispielsweise eine Notfallsituation im Krankenhaus vor, in welcher ein hohes Risiko besteht und die Erfüllung eines kurzfristigen Ziels wichtiger ist, als die Mitarbeiter weiterzuentwickeln, kann es eine durchwegs sinnvolle und effektive Führung darstellen (Sims, Faraj & Yun, 2009).

Im ersten Moment assoziiert man die direktive Führung mehr mit einem autoritären Vorgesetzten, der einen bei jeder Kleinigkeit anschreit und würde es dadurch eher mit einem personalisierten Machtmotiv in Verbindung bringen. Jedoch weiß man aus empirischen Forschungen, dass eine moderne, flexible und erfolgreiche Führungspersönlichkeit ihr Führungsverhalten an verschiedene Situationen und Personen individuell anpassen kann. Ein gutes Beispiel stellt Nelson Mandela dar, der direktiv und transformational zugleich sein konnte (Bass, 1999). Das heißt, auch wenn eine Führungsperson ein Führungsverhalten wie Empowering Leadership bevorzugt, ist es durchaus kurzfristig effektiver und sinnvoller, wenn sie in einem bestimmten Kontext, wie eine dringliche Situation, die direktive Führung einsetzt (Sims, Faraj & Yun, 2009). Infolgedessen schließt es sich nicht aus, dass Führungspersonen mit einem sozialisierten Machtmotiv auch eine direktive Führung aufweisen.

Ferner korreliert in der aktuellen Untersuchung das personalisierte Machtmotiv mit der transaktionalen Führung. Führungspersonen mit einem personalisierten Machtmotiv verfügen nicht über die nötige Selbstkontrolle ihr Machtmotiv zu hemmen und nutzen es mehr zu egoistischen Selbstzwecken, was sich des Öfteren auch in impulsiven Verhaltensweisen äußert. Nichtsdestotrotz kann kurzfristig diese egoistische Machtmotivation auf alle Fälle erfolgreich sein (Winter, 1988).

In der transaktionalen Führung liegt der Fokus auf dem transaktionalen Austauschprozess, auf einer rein rationalen Ebene, zwischen Führungskraft und Mitarbeiter. Das heißt, die Führungskraft konzentriert sich auf die Überwachung von Arbeitsabläufen und die Überprüfung der Mitarbeiter, auf Fehler und Zielabweichungen und setzt Belohnungen und Bestrafungen ein, um ihre Ziele zu erreichen. Im Gegensatz zur transformationalen Führung werden hier egoistische Selbstinteressen durch diesen transaktionalen Austauschprozess gefördert (Bass, 1999). Sie gliedert sich in drei Dimensionen, wobei Contingent Reward am aktivsten und effektivsten ist. Hier werden die Ziel gemeinsam vereinbart und mit positiver und negativer Verstärkung gearbeitet.

Hingegen steht bei Management by Exception der kontrollierende Aspekt im Vordergrund und ist dadurch mehr korrektiv statt konstruktiv (Judge & Piccolo, 2004). Die Führungsperson beobachtet und kontrolliert, ob die Geführten Fehler machen und versucht, mit Hilfe von Bedrohungen und Einschüchterungen, eine Verhaltensänderung bzw. eine Steigerung der Leistung zu erzielen (Sosik & Jung, 2010). Gerade bei der passiven Form liegt die Aufmerksamkeit sehr auf der strafenden Komponente. Auch zu finden ist dieses Führungsverhalten im Militär und bei Akkordarbeit.

Die Rationalität und das kontrollierende und berechnende Verhalten stellt eventuell eine Möglichkeit für Personen mit einem personalisierten Machtmotiv dar, welche nach Kontrolle und Einfluss streben, aber unfähig sind ihr Machtmotiv zu hemmen, dieses auszuleben. Dies könnte eine Erklärung bieten, warum sich die Versuchsteilnehmer mit einem personalisierten Machtmotiv, mit dieser Art der Führung identifizieren konnten.

9. Limitationen und Ausblick

Mit der Studie konnten interessante Zusammenhänge zwischen den Motiven und Führungsverhalten bestätigt werden und es wurden auch eindeutige Effekte von Leadership-Trainings sowohl auf Führungsverhalten als auch auf die Motive belegt. Dennoch müssen die Ergebnisse kritisch hinterfragt werden. Die nachfolgenden Kritikpunkte sollten zugleich Ansatzpunkte für zukünftige Studien liefern.

Eine wesentliche Limitation in dieser Studie zeigt sich in der Messung der Motive. Die Abgrenzung unterschiedlicher Motive stellt generell ein Problem in der Motivforschung dar, weil eine Einteilung nach Handlungen und Verhaltensweisen unzulänglich ist (Murray, 1938). Das heißt, bei gleichen Motiven kann es unterschiedliche Verhaltensweisen und bei verschiedenen Motiven gleiche Verhaltensweisen geben (Heckhausen, 1963). Somit hängt die gegenwärtige Handlung einer Person im weitesten Sinne von dem Motiv ab, welches gerade am stärksten ausgeprägt ist. Allerdings spielt auch immer die jeweilige Umwelt und Situation eine beeinflussende Rolle (Kerr & Jermier, 1978).

Hinzu unterscheidet McClelland implizite und explizite Motive. Sprich Motive können unbewusst sein und sich unsere Kenntnis entziehen oder eben bewusst sein und kontrolliertes Verhalten hervorrufen. Die „big three" der Motive entsprechen nur einem kleinen Teil von theoretisch unzähligen Motiven und reichen sowohl nach McClelland (1985) als auch nach Heckhausen und Heckhausen (2010) nicht aus, um die Vielfalt menschlichen Handelns zu erklären.

In der vorliegenden Untersuchung wurden die Motive nur explizit anhand von Fragebögen gemessen. Für zukünftige Studien wäre es mit Sicherheit von Vorteil auch andere Verfahren hinzuzuziehen, wie beispielsweise den Thematischen Apperzeptionstest, zur unbewussten Motivmessung, oder auch das Multi-Motiv-Gitter, ein semiprojektives Verfahren, das die Motive implizit und explizit kombiniert abbildet. Hinsichtlich des Zusammenhanges zwischen den Motiven und den verschiedenen Führungsverhalten wäre für weitere Studien nicht nur ein experimentelles Design sondern auch eine Längsschnittstudie interessant, um gefestigte kausale Rückschlüsse ziehen zu können (vgl. auch Furtner, 2012).

In dieser Studie wurde Management by Exception passiv zur transaktionalen Führung hinzugezählt. In manch anderen Fällen wird sie hingegen mit der Laissez-faire-Führung zusammen zur passiv-vermeidenden Führung gezählt (Avolio, Bass & Jung, 1999). Dies erschwert eine Vergleichbarkeit zwischen verschiedenen Studien (Judge & Piccolo, 2004). Die Ergebnisse dieser Studie zeigten eine Abnahme der transaktionalen Führung durch das Full-Range-Leadership-Training, was eventuell auch auf die passive Komponente der transaktionalen Führung zurückzuführen ist.

Wie bereits in der Diskussion erwähnt teilen sich die Laissez-faire-Führung und Empowering Leadership die Gemeinsamkeit, dass sie den Geführten sehr viel Freiraum geben. Natürlich auf unterschiedliche Art und Weise. Jedoch könnte dies den Versuchsteilnehmern Schwierigkeiten bereitet haben, diesen Handlungsspielraum zu interpretieren. Überdies wurde zwar der ELS von Pearce und Sims (2002) zur Messung von Empowering Leadership bereits empirisch angewendet, aber noch nicht ausreichend validiert und überprüft. Demnach wäre es auch interessant zu untersuchen wie die Items der Laissez-faire Skala gerade zur Autonomie-Dimension von Empowering Leadership steht.

Weiterhin gibt es Kritikpunkte bezüglich der Erhebungsmethoden der verschiedenen Führungsverhalten. Die transformationale und transaktionale Führung stellen zwar theoretisch zwei verschiedene Konstrukte dar, jedoch sind sie nach Yukl und Van Fleet (1992) nicht zwei völlig verschiedene Prozesse. Bei der deutschen Validierung des MLQ (Form 5X) lässt sich die Skala Contingent Reward nicht genügend von den transformationalen Skalen unterscheiden. Zudem könnte es beim MLQ ein Problem der kulturellen Validierung geben. Die deutsche Version weist niedrigere Mittelwerte bei den transformationalen Skalen auf als die US-amerikanische Vergleichsstichprobe. Dies könnte an interkulturellen Unterschieden liegen oder eine andere Erklärung wäre, dass die Amerikaner „sozial erwünschter" ankreuzen (Felfe, 2006b). Im Rahmen der Erfassung des Führungsverhaltens wäre es zusätzlich aufschlussreich auch eine Fremdbewertung durch die Geführten mit einzubeziehen.

Dies bringt mich zum nächsten Punkt. Das Problem der sozialen Erwünschtheit. Menschen tendieren dazu sich selbst in einem günstigen Licht zu präsentieren und versuchen das Bild das andere von ihnen haben mit zu beeinflussen. Beispielsweise könnten Items wie „*Ich versuche, Andere unter meinen persönlichen Einfluss zu bekommen, anstatt zuzulassen, dass sie mich kontrollieren.*" oder „*Ich kommandiere die Geführten bezüglich ihrer Arbeit herum.*" von ein paar Teilnehmern nicht der Wahrheit entsprechend beantwortet worden sein, was zu Verzerrungen der Ergebnisse führen würde.

Weiter bleibt kritisch anzumerken, dass hinsichtlich der Stichprobe der männliche und weibliche Anteil der Probanden nicht ganz ausgeglichen war und sich in der Superleadership-Gruppe überwiegend Männer befanden. Eine randomisierte Gruppenzuteilung würde den Einfluss möglicher Störvariablen auf die beiden abhängigen Variablen verringern. Überdies wäre die Studie repräsentativer, wenn die Stichprobe größer als $N = 72$ wäre und nicht nur aus Studenten, sondern auch aus Führungspersonen besteht, welche sich aktuell in einer Führungsaufgabe befinden. Somit kann in Frage gestellt werden, inwieweit die Ergebnisse dieser Studie auf andere, als die untersuchte Gruppe, generalisiert werden können.

Auch sind mögliche Verzerrungseffekte durch den Trainer und den Versuchsleiter nicht ganz auszuschließen. Wie bereits aus der Einleitung bekannt, gibt es beträchtliche Unterschiede in der Qualität solcher Leadership-Programme (Avolio et al., 2009). Dies liegt wahrscheinlich nicht allein an den Inhalten der Trainings, sondern auch an den Trainern selbst. Dies hat zur Folge, dass die gleichen Trainings durch eine andere Leitung wiederholt werden sollten, um zu sehen, dass sie dennoch die gleichen Effekte aufweisen.

Wie auch in dieser Untersuchung bestätigt werden konnte, stellt das sozialisierte Machtmotiv ein wichtiges Kriterium für „gute" Führungskräfte dar. Interessant wäre in diesem Zusammenhang auch, mit zu erheben, in welcher Entwicklungsstufe der Macht sich die betreffende Person befindet. Laut McClelland (1975) ist ein hohes gehemmtes Machtmotiv in der 4. Entwicklungsstufe der Macht am wirksamsten.

Bislang gibt es nur wenige Untersuchungen zu Motiven und Führungsverhalten. In zukünftigen Studien sollten auch verschiedene Kontextvariablen, wie Führungsmotivation oder Merkmale der Geführten oder der Organisation, mit einbezogen werden (vgl. auch Furtner, 2012; Furtner, Baldegger & Rauthmann, 2013; Kerr & Jermier, 1978).

10. Konklusion

In der vorliegenden Studie wurden die Auswirkungen von Leadership-Trainings (Full-Range- und Superleadership-Training) untersucht. Es wurde geprüft, ob sich zum einen die drei zentralen Motive (Macht, Leistung und Anschluss) und zum anderen die fünf verschiedenen Führungsverhalten (Laissez-faire, transaktional, transformational, direktiv und Empowering Leadership) durch diese Intervention verändern lassen. Außerdem wurden die Beziehungen zwischen diesen drei Basismotiven und dem Führungsverhalten untersucht.

Die Ergebnisse zeigen, dass sich sowohl das Machtmotiv als auch das Leistungsmotiv durch Leadership-Trainings steigern lassen. Hinsichtlich der Führung wirken sich die Trainings insbesondere auf die transformationale Führung positiv aus. Weiter konnte bestätigt werden, dass das Machtmotiv positiv mit den aktiven Dimensionen von Führungsverhalten in Verbindung steht. Eine besondere Bedeutung liegt hier auf dem sozialisierten Machtmotiv, welches mit transformationaler Führung und Empowering Leadership positiv korreliert.

Zusammengefasst stellen die Motive eine recht stabile Basis einer Führungsperson dar (Furtner & Baldegger, 2013). Die effektive Beeinflussung anderer hängt, wie sich in dieser Studie bestätigte, mit dem Machtmotiv einer Person zusammen. Da eine Führungskraft aber auch wissen muss, wie sie sich selbst effektiv führen und beeinflussen kann, um andere zu führen (Furtner & Baldegger, 2013; Manz & Sims, 1991), bietet meiner Meinung nach, die Zusammenhänge zwischen Motiven und Self-Leadership ein weiteres spannendes Themengebiet für zukünftige Studien.

"We need to drive self-confidence deep into the organization. We have to undo a 100-year-old concept and convince our managers that their role is not to control people and stay 'on top' of things but rather to guide, energize, and excite."

Jack Welch

Literaturverzeichnis

Ahearne, M., Mathieu, J. & Rapp, A. (2005). To empower or not to empower your sales force? An empirical examination of the influence of leadership empowerment behavior on customer satisfaction and performance. *Journal of Applied Psychology, 90,* 945-955.

Anderson, C. & Kilduff, G. J. (2009). Why Do Dominant Personalities Attain Influence in Face-to-Face Groups? The Competence-Signaling Effects of Trait Dominance. *Journal of Personality and Social Psychology, 96,* 491-503.

Antonakis, J., Avolio, B. J. & Sivasubramaniam, N. (2003). Context and leadership: An examination of the nine-factor full range leadership theory using the Multifactor Leadership Questionnaire. *The Leadership Quarterly, 14,* 261-295.

Arnold, J. A., Arad, S., Rhoades, J. A. & Drasgow, F. (2000). The empowering leadership questionnaire: the construction and validation of a new scale for measuring leader behaviors. *Journal of Organizational Behavior, 21,* 249-269.

Arnold, K. A., Turner, N., Barling, J., Kelloway, E. K. & McKee, M. C. (2007). Transformational leadership and psychological well-being: The mediating role of meaningful work. *Journal of Occupational Health Psychology, 12,* 193-203.

Arvey, R. D., Rotundo, M., Johnson, W., Zhang, Z. & McGue, M. (2006). The determinants of leadership role occupancy: Genetic and personality factors. *The leadership Quarterly, 17,* 1-20.

Atkinson, J. W. (1957). Motivational determinants of risk-taking behavior. *Psychological Review, 64,* 359-372.

Aufmut, U. (1988). *Zur Psychologie des Bergsteigens*. Frankfurt: Fischer.

Avolio, B. J. (2005). *Leadership development in balance: made/ born.* Mahwah, NJ: Erlbaum.

Avolio, B. J. (2011). *Full range leadership development* (2nd edition). Thousand Oaks: Sage.

Avolio, B. J., Bass, B. M. & Jung, D. I. (1999). Re-examining the components of transformational and transactional leadership using the Multifactor Leadership Questionnaire. *Journal of Occupational and Organizational Psychology, 72,* 441-462.

Avolio, B. J., Reichard, R. J., Hannah, S. T., Walumbwa, F. O. & Chan, A. (2009). A meta-analytic review of leadership impact research: Experimental and quasi-experimental studies. *The Leadership Quarterly, 20,* 764-784.

Bandura, A. (1991). Social cognitive theory of self-regulation. *Organizational Behavior and Human Decision Processes, 50,* 248-287.

Bargh, J. A. & Ferguson, M. J. (2000.). Beyond behaviorism: On the automaticity of higher mental processes. *Psychological Bulletin, 126,* 925-945.

Bass, B. M. (1985). *Leadership and performance beyond expectations.* New York: Free Press.

Bass, B. M. (1990). From transactional to transformational leadership: Learning to share the vision. *Organizational Dynamics, 18,* 19-36.

Bass, B. M. (1998). *Transformational leadership: Industrial, military, and educational impact.* Mahwah, NJ: Lawrence Erlbaum.

Bass, B. M. (1999). Two decades of research and development in transformational leadership. *European Journal of Work and Organizational Psychology, 8,* 9-32.

Bass, B. M. & Avolio, B. J. (1990). *Full range leadership development: Advanced workshop manual.* Binghamton, NY: Center for Leadership Studies.

Bass, B. M. & Avolio, B. J. (1993). Transformational leadership: A response to critiques. In M. M. Chemers & R. Aiman (Eds.), *Leadership theory and research: Perspectives and directions* (pp. 49-80). San Diego, CA: Academic Press.

Bass, B. M. & Avolio, B. J. (1993). Transformational leadership and organizational culture. *Public Administration Quarterly, 17,* 112-121.

Bass, B. M. & Avolio, B. J. (1995). *MLQ Multifactor Leadership Questionnaire: Technical Report.* Redwood City: Mind Garden.

Bass, B. M. & Avolio, B. J. (1999). *Training Full Range Leadership.* Redwood City, CA: Mind Garden.

Bass, B. M., Avolio, B. J., Jung, D. I. & Berson, Y. (2003). Predicting unit performance by assessing transformational and transactional leadership. *Journal of Applied Psychology, 88,* 207-218.

Bass, B. M. & Riggio, R. E. (2006). *Transformational leadership* (2nd edition). Mahwah, NJ: Lawrence Erlbaum.

Bass, B. M. & Steidlmeier, P. (1999). Ethics, characters, and authentic transformational leadership behavior. *Leadership Quarterly, 10,* 181-217.

Bernhardt, P. C., Dabbs, J. M., Fielden, J. A. & Lutter, C. D. (1998). Testosterone Changes During Vicarious Experiences of Winning and Losing Among Fans at Sporting Events. *Physiology & Behavior, 65,* 59–62.

Bortz, J. & Döring, N. (2006). *Forschungsmethoden und Evaluation für Human- und Sozialwissenschaftler* (4.Auflage). Heidelberg: Springer.

Bowlby, J. (1969). *Attachment and Loss, Volume I: Attachment.* London: Hogarth Press.

Brunstein, J. C. & Heckhausen, H. (2010). Leistungsmotivation. In J. Heckhausen & H. Heckhausen (Hrsg.), *Motivation und Handeln* (S. 145-192). Berlin: Springer Verlag.

Bryman, A. (1992). *Charisma and leadership in organizations.* London: Sage.

Burns, J. M. (1978). *Leadership.* New York, NY: Harper & Row.

Bühner, M. (2011). *Einführung in die Test- und Fragebogenkonstruktion* (3. Aktualisierte Auflage). München: Pearson.

Cartwright, D. (1965). Influence, leadership, control. In J. G. March (Hrsg.), *Handbook of organizations* (S. 1-47). Chicago: Rand McNally.

Conger, J. A. & Kanungo, R. (1998). *Charismatic leadership in organizations.* San Francisco: Jossey-Bass.

Crevani, L., Lindgren, M. & Packendorff, J. (2007). Shared leadership: A postheroic perspective on leadership as a collective construction. *International Journal of Leadership Studies, 3,* 40-67.

Daft, R. L. & Lengel, R. H. (1998). *Fusion leadership.* San Francisco, CA: Berrett-Koehler.

Day, D. V. (2011). Leadership development. In A. Bryman, D. Collinson, K. Grit, B. Jackson & M. Uhl-Bien (Eds.), *The SAGE Handbook of leadership* (pp. 37-50). Thousand Oaks, CA: Sage.

Day, D. V. (2012). The nature of leadership development. In D. Day & J. Antonakis (Eds.), *The nature of leadership* (pp. 108-140). Thousand Oaks, CA: Sage.

Deci, E. L. & Ryan, R. M. (1987). The support of autonomy and control of behavior. *Journal of Personality and Social Psychology, 53,* 1024-1037.

Deci, E. L. & Ryan, R. M. (2000). Self-determination theory and the facilitation of intrinsic motivation, social development, and well-being. *The American psychologist, 55,* 68-78.

Deluga, R. J. (2001). American Presidential Machiavellianism: Implications for charismatic leadership and rated performance. *The Leadership Quarterly, 12,* 339-363.

Deutsch, M. & Gerard, H. (1955). A study of normative and informational influences upon individual judgment. *Journal of Abnormal and Social Psychology, 51,* 629—636.

Díaz-Sáenz, H. R. (2011). Transformational leadership. In A. Bryman, D. Collinson, K. Grint, B. Jackson & M. Uhl-Bien (Eds.), *The SAGE handbook of leadership* (pp. 299-310). Thousand Oaks, CA: Sage.

Elliot, A. J. (2006). The hierarchical model of approach-avoidance motivation. *Motivation and Emotion, 30,* 111-116.

Elliot, A. J. & Church, M. A. (1997). A hierarchical model of approach and achievement motivation. . *Journal of Personality and Social Psychology, 72,* 218-232.

Elloy, D. F. (2005). The influence of superleader behaviors on organization commitment, job satisfaction and organization self-esteem in a self-managed work team. *Leadership and Organizational Development Journal, 26,* 120-127.

Erikson, E.H. (1963). *Childhood and society: The landmark work on the social significance of childhood.* New York: Norton.

Felfe, J. (2006b). Validierung einer deutschen Version des „Multifactor Leadership Questionnaire" (MLQ Form 5x Short) von Bass und Avolio (1995). *Zeitschrift für Arbeits- und Organisationspsychologie, 50,* 61-78.

Fishman, D. B. (1966). Need and expectancy as determinants of affiliative behavior in small groups. *Journal of Personality and Social Psychology, 4,* 155-164.

Fletcher, J. K. (2004). The paradox of postheroic leadership: An essay on gender, power, and transformational change. *The Leadership Quarterly, 15,* 647-661.

French, J. R. P. (1958). Effects of the interaction of motivation and feedback on task performance. In J. W. Atkinson (Ed.), *Motives in fantasy, action, and society* (pp. 400-408). Princeton: Van Nostrand.

French, J. R. P. & Raven, B. (1959). The basis of social power. In D. Cartwright (Ed.), *Studies in social power* (pp. 150-167). Ann Arbor: University of Michigan, Institute for Social Research.

French, J. R. P. & Snyder, R. (1959). Leadership and interpersonal power. In D. Cartwright (Ed.), *Studies in social power* (pp. 118-149). Ann Arbor: University of Michigan, Institute for Social Research.

Furtner, M. R. (2010). Transformationales (SElf-)Leadership: Self-Leadership und Transformationale Führung. *Zeitschrift für KMU und Entrepreneurship, 58,* 289-306.

Furtner, M. R. (2012). *Self-Leadership: Assoziationen zwischen Self-Leadership, Selbstregulation, Motivation und Leadership.* Lengerich: Pabst Science Publishers.

Furtner, M. R. (2012). Wie beeinflussen Motive das Führungsverhalten? *Journal Psychologie des Alltagshandelns / Psychology of Everyday Activity, 5* (2), 52-65.

Furtner, M. R. & Baldegger, U. (2013). *Self-Leadership und Führung: Theorien, Modelle und praktische Umsetzung.* Wiesbaden: Springer Gabler.

Furtner, M. R., Baldegger, U. & Rauthmann, J. F. (2013). Leading yourself and leading others: Linking self-leadership to transformational, transactional, and laissez-faire leadership. *European Journal of Work and Organizational Psychology, 22* (4), 436-449.

Geppert, U. & Küster, U. (1983). The emergence of „wanting to do it oneself". A precursor of achievement motivation. *International Journal of Behavioral Development, 6,* 355-370.

Heckhausen, H. (1963). *Hoffnung und Furcht in der Leistungsmotivation.* Meisenheim/Glan: Hain.

Heckhausen, J. & Heckhausen, H. (2010). Motivation und Handeln: Einführung und Überblick. In J. Heckhausen & H. Heckhausen (Hrsg.), *Motivation und Handeln* (S. 1-10). Berlin: Springer.

Hetland, H., Sandal, G. M & Johnsen, T. B. (2007). Burnout in the information technology sector: Does leadership matter? *European Journal of Work and Organizational Psychology, 16,* 58-75.

Heyns, R. W., Veroff, J. & Atkinson, J. W. (1958). A scoring manual for the affiliation motive. In J. W. Atkinson (Ed.), *Motives in fantasy, action and society* (pp. 205-218). Princeton, NJ: Van Nostrand.

Hinkin, T. R. & Schriesheim, C. A. (2008). An examination of „nonleadership": From laissez-faire leadership to leader reward omission and punishment omission. *Journal of Applied Psychology, 93,* 1234-1248.

Horst, Sarah (2010). *Self-Leadership – Konzeption und Untersuchung einer Trainingsintervention zur Förderung der Self-Leadership Kompetenz.* Diplomarbeit, Leopold Franzens Universität Innsbruck.

Houghton, J. D. & Yoho, S. K. (2005). Toward a contingency model of leadership and psychological empowerment: When should self-leadership be encouraged? *Journal of Leadership and Organizational Studies, 11,* 65-83.

Howell, J. M. & Avolio, B. J. (1993). Transformational leadership, transactional leadership, locus of control, and support for innovation: Key predictors of consolidated-business-unit performance. *Journal of Applied Psychology, 78,* 891-902.

Howland, J. (2000). Xenophon's philosophic odyssey: On the Anabasis and Plato's republic. *The American Political Science Review, 94,* 875-889.

Humphreys, J. H. & Einstein, W. O. (2003). Nothing new under the sun: Transformational leadership from a historical perspective. *Management Decision, 41,* 85-95.

Jackson, D. N. (1984). *Personality Research Form manual.* Port Huron, MI: Research Psychologists Press.

Janssen, J. & Laatz, W. (1994). *Statistische Datenanalyse mit SPSS für Windows. Eine anwendungsorientierte Einführung in das Basissystem.* Heidelberg: Springer.

Judge, T. A. & Piccolo, R. F. (2004). Transformational and transactional leadership: A metaanalytic test of their relative validity. *Journal of Applied Psychology*, 89, 755-768.

Jung, D. I. (2001). Transformational and transactional leadership and their effects on creativity in groups. *Creativity Research Journal, 13,* 185-195.

Kelloway, E. K., Sivanathan, N., Francis, L. & Barling, J. (2005). Poor leadership. In J. Barling, E. K. Kelloway & M. R. Frone (Eds.), *Handbook of work stress* (pp. 89-112). Thousand Oaks, CA: Sage.

Kerr, S. & Jermier, J. M. (1978). Substitutes for leadership: Their meaning and measurement. *Organizational Behavior and Human Performance, 22,* 375-403.

Kipnis, D. (1974). The Powerholder. In J. T. Tedeschi (Hrsg.), *Perspectives on social power* (S. 82-122). Chicago: Aldine.

Lamoureux, K. (2007). *High-impact leadership development: Best practices, vendor profiles and industry solutions.* Oakland, CA: Bersin & Associates.

Leary, M. R. & Hoyle, R. H. (2009). *Handbook of individual differences in social behaviour.* New York: The Guilford Press.

Lewin, K. (1936). *Principles of topological psychology.* New York: McGraw-Hill.

Lewin, K., Dembo, T., Festinger, L. Sears, P. S. (1944). Level of aspiration. In J. McHung (Ed.), *Personality and the behavior disorders* (pp. 333-378). New York: Ronald Press.

Lewin, K., Lippitt, R. & White, R. K. (1939). Patterns of aggressive behavior in experimentally created social climates. *Journal of Social Psychology, 10,* 271-301.

Liu, W., Lepak, D. P., Takeuchi, R. & Sims, H. P. (2003). Matching leadership styles with employment modes: strategic human resource management perspective. *Human Resource Management Review, 13,* 127-152.

Locke, E. A. & Latham, G. P. (1990). *A theory of goal setting and task performance.* Englewood Cliffs, NJ: Prentice-Hall.

Lowe, K. B., Kroeck, K. G. & Sivasubramaniam, N. (1996). Effectiveness correlates of transformational and transactional leadership: A meta-analytic review of the MLQ literature. *The Leadership Quarterly, 7,* 385-425.

Lyons, J. B. & Schneider, T. R. (2009). The effects of leadership style on stress outcomes. *The Leadership Quarterly, 20,* 737-748.

Manz, C. C. & Sims, H. P. (1987). Leading workers to lead themselves: The external leadership of self-managing work teams. *Administrative Science Quarterly, 32,* 106-129.

Manz, C. C. & Sims, H. P. (1991). Superleadership: Beyond the myth of heroic leadership. *Organizational Dynamics, 19,* 18-35.

Mazur, A. & Booth, A. (1998). Testosterone and dominance in men. *Behavioral and Brain Sciences, 21,* 353-397.

McClelland, D.C. (1961). *The achieving society.* Princeton, NJ: Van Nostrand.

McClelland, D.C. (1975). *Power: The inner experience.* New York: Irvington.

McClelland, D.C. (1985). *Human Motivation.* Glenview, IL: Scott, Foresman.

McClelland, D.C. (1987). Biological aspects of human motivation. In F. Halish & J. Kuhl (Eds.), *Motivation, intention, and volition* (pp. 11-19). Berlin: Springer.

McClelland, D. C., Atkinson, J. W., Clark, R. A. & Lowell, E. L. (1953). *The achievement motive.* New York: Appleton-Century-Crofts.

McClelland, D. C. & Boyatzis, R. E. (1982). Leadership motive pattern and long-term success in management. *Journal of Applied Psychology, 67,* 737-743.

McClelland, D. C., Davis, W. N., Kalin, R. & Wanner, E. (1972). *The drinking man.* New York: Free Press.

McClelland, D.C., Koestner, R. & Weinberger, J. (1989). How do self-attributed and implicit motives differ? *Psychological Review, 96,* 690-702.

McKeachie, W. J. (1961). Motivation, teaching methods, and college learning. In M. R. Jones (Ed.), *Nebraska Symposium on Motivation* (pp. 111-142). Lincoln: University of Nebraska Press.

Mehrabian, A. & Ksionzky, S. (1974). *A theory of affiliation.* Lexington: Heath.

Mitchell, B. C. (2004). Motives of entrepreneurs: a case study of South Africa. *Journal of Entrepreneurship, 13,* 167-183.

Murray, H.A. (1938). *Explorations in personality.* New York: Oxford University Press.

Neck, C. P. & Manz, C. C. (1992). Thought self-leadership: The influence of self-talk and mental imagery on performance. *Journal of Organizational Behavior, 13,* 681-699.

Neck, C. P., Nouri, H. & Godwin, J. L. (2003). How self-leadership affects the goal-setting process. *Human Ressource Management Review, 13,* 691-707.

Northouse, P. G. (2010). *Leadership: Theory and practice* (5th edition). Thousand Oaks: Sage.

O'Neill, J. & Conzemius, A. (2005). *The power of SMART goals: Using goals to improve student learning.* New York: Solution Tree.

O'Shea, P. G., Foti, R. J., Hauenstein, N. M. A. & Bycio, P. (2009). Are the best leaders both transformational and transactional? A pattern-oriented analysis. *Leadership, 5,* 237-259.

Pearce, C. L. & Sims, H. P. (2002). Vertical versus shared leadership as predictors of the effectiveness of change management teams: An examination of aversive, directive, transactional, transformational, and empowering leader behaviors. *Group dynamics: Theory, Research, and Practice, 6,* 172-197.

Pearce, C. L., Sims, H. P., Cox, J. F., Ball, G., Schnell, E., Smith, K. A. & Trevino, L. (2003). Transactors, transformers and beyond: A multi-method development of a theoretical typology of Leadership. *Journal of Management Development, 22,* 273-307.

Podsakoff, P. M., Bommer, W. H., Podsakoff, N. P. & MacKenzie, S. B. (2006). Relationships between leader reward and punishment behavior and subordinate attitudes, perceptions, and behaviors: A meta-analytic review of existing and new research. *Organizational Behavior and Human Decision Process, 99,* 113-142.

Podsakoff, P. M., MacKenzie, S. B. & Bommer, W. H. (1996). Transformational leader behaviors and substitutes for leadership as determinants of employee satisfaction, commitment, trust, and organizational citizenship behaviors. *Journal of Management, 22,* 259-298.

Reicher, S., Haslam, S. A. & Hopkins, N. (2005). Social identity and the dynamics of leadership: Leaders and followers as collaborative agents in the transformation of social reality. *The Leadership Quarterly, 16,* 547-568.

Rheinberg, F. (2008). *Motivation.* Stuttgart: Kohlhammer.

Sackmann, S. (2002). *Unternehmenskultur: Erkennen – Entwickeln – Verändern.* Neuwied: Luchterhand.

Sadalla, E. K., Kenrick, D. T. & Vershure, B. (1987). Dominance and heterosexual attraction. *Journal of Personality and Social Psychology, 52,* 730-738.

Schachter, S. (1959). *The Psychology of Affiliation: experimental studies of the sources of gregariousness.* Stanford: Stanford University Press.

Schmalt, H.-D. & Heckhausen, H. (2010). Machtmotivation. In J. Heckhausen & H. Heckhausen (Hrsg.), *Motivation und Handeln* (S. 211-236). Berlin: Springer.

Schultheiss, O. C. & Brunstein, J. C. (2002). Inhibited power motivation and persuasive communication: A lens model analysis. *Journal of Personality, 70,* 553-582.

Schultheiss, O. C., Liening, S. H. & Schad, D. (2008). The reliability of a Picture Story Exercise measure of implicit motives: Estimates of internal consistency, retest reliability, and ipsative stability. *Journal of Research in Personality, 42,* 1560-1571.

Schultheiss, O. C. & Rohde, W. (2002). Implicit Power Motivation Predicts Men's Testosterone Changes and Implicit Learning in a Contest Situation. *Hormones and Behavior, 41,* 195-202.

Sims, H. P., Faraj, S. & Yun, S. (2009). When should a leader be directive or empowering? How to develop your own situational theory of leadership. *Business Horizons, 52,* 149-158.

Skogstad, A., Einarsen, S., Torsheim, T., Aasland, M. S. & Hetland, H. (2007). The destructiveness of laissez-faire leadership behavior. *Journal of Occupational Health Psychology, 12,* 80-92.

Snyder, M. (1994). Traits and motives in the study of personality. *Psychological Inquiry, 5,* 162-166.

Sokolowski, K. (1986). *Kognitionen und Emotionen in Anschlussthematischen Situationen.* Dissertation, Bergische Universität Wuppertal.

Sokolowski, K. (1992). Entwicklung eines Verfahrens zur Messung des Anschlussmotivs. *Diagnostica, 38,* 1-17.

Sokolowski, K. & Heckhausen, H. (2010). Soziale Bindung: Anschlussmotivation und Intimitätsmotivation. In J. Heckhausen & H. Heckhausen (Hrsg.), *Motivation und Handeln* (S. 193-210). Berlin: Springer.

Sokolowski, K., Schmalt, H.-D., Langens, T. & Puca, R. M. (2000). Assessing achievement, affiliation, and power motives all at once: The-Multi-Motive-Grid (MMG). *Journal of Personality Assessment, 74,* 126-145.

Sorrentino, R. M. & Sheppard, B. H. (1978). Effects of affiliation-related motives on swimmers in individual versus group competition: A field experiment. *Journal of Personality and Social Psychology, 36,* 704-714.

Sosik, J. J. & Jung, D. I. (2010). *Full range leadership development: Pathways for people, profit, and planet.* New York: Psychology Press.

Srivastava, A., Bartol, K.M. & Locke, E. A. (2006). Empowering leadership in management teams: Effects on knowledge sharing, efficacy, and performance. *The Academy of Management Journal, 49,* 1239-1251.

Stumpf, H., Angleitner, A., Wieck, T., Jackson, D. N. & Beloch-Till, H. (1985). *Deutsche Personality Research Form (PRF).* Göttingen: Hogrefe.

Taylor, F. W. (1911). *Principles of scientific management.* New York: Harper & Brothers.

Terhune, K. W. (1968). Motives, Situation, And Interpersonal Conflict Within Prisoner's Dilemma. *Journal of Personality and Social Psychology, 8,* 1-24.

Tiedens, L. Z. & Fragale, A. R. (2003). Power Moves: Complementarity in Dominant and Submissive Nonverbal Behavior. *Journal of Personality and Social Psychology, 84,* 558-568.

Tooby, J. & Cosmides, L. (1990). The past explains the present: Emotional adaptions and the structure of ancestral environments. *Ethology and Sociobiology, 11,* 375-424.

Vecchio, R. P., Justin, J. E. & Pearce, C. L. (2010). Empowering Leadership: An examination of mediating mechanisms within a hierarchical structure. *The Leadership Quarterly, 21,* 530-542.

Veroff, J. (1957). Development and validation of a projective measure of power motivation. *The Journal of Abnormal and Social Psychology, 54,* 1-6.

Winter, D. G. (1973). *The power motive.* New York: Free Press.

Winter, D. G. (1988). The Power motive in women – and men. *Journal of Personality and Social Psychology, 54,* 510-519.

Winter, D. G. (1992). A revised scoring system for the power motive. In C. P. Smith (Ed.), *Motivation and personality: Handbook of thematic content analysis* (pp. 506-511). Cambridge: University Press.

Winter, D. G., John, O. P., Stewart, A. J., Klohnen, E. C., & Duncan, L. E. (1998). Traits and motives: Toward an integration of two traditions in personality research. *Psychological, Review, 105,* 230-250.

Winter, D. G. (2002). Motivation and political leadership. In L. Valenty & O. Feldman (Eds.), *Political leadership for the new century: Personality and behavior among American leaders* (pp. 25-47). Westport, CT: Praeger.

Winter, D. G. (2005). Things I've learned about personality from studying political leaders at a distance. *Journal of Personality, 73,* 557-584.

Winterbottom, M. (1958). The relation of need for achievement to learning experience in independence and mastery. In J. W. Atkinson (Ed.), *Motives in fantasy, action and society* (pp. 453-478). Princeton, NJ: Van Nostrand.

Yukl, G. & Van Fleet, D. D. (1992). Theory and research on leadership in organizations. In M. D. Dunnette & L. M. Hought (Eds.), *Handbook of industrial and organizational psychology* (pp. 147-197). Palo Alto, CA: Consulting Psychologists Press.

Zacharatos, A., Barling, J. & Kelloway, E. K. (2009). Development and effects of transformational leadership in adolescents. *The Leadership Quarterly, 11,* 211-226.